FRANÇOIS GAUZI

Imprimerie & Librairie ÉDOUARD PRIVAT TOULOUSE

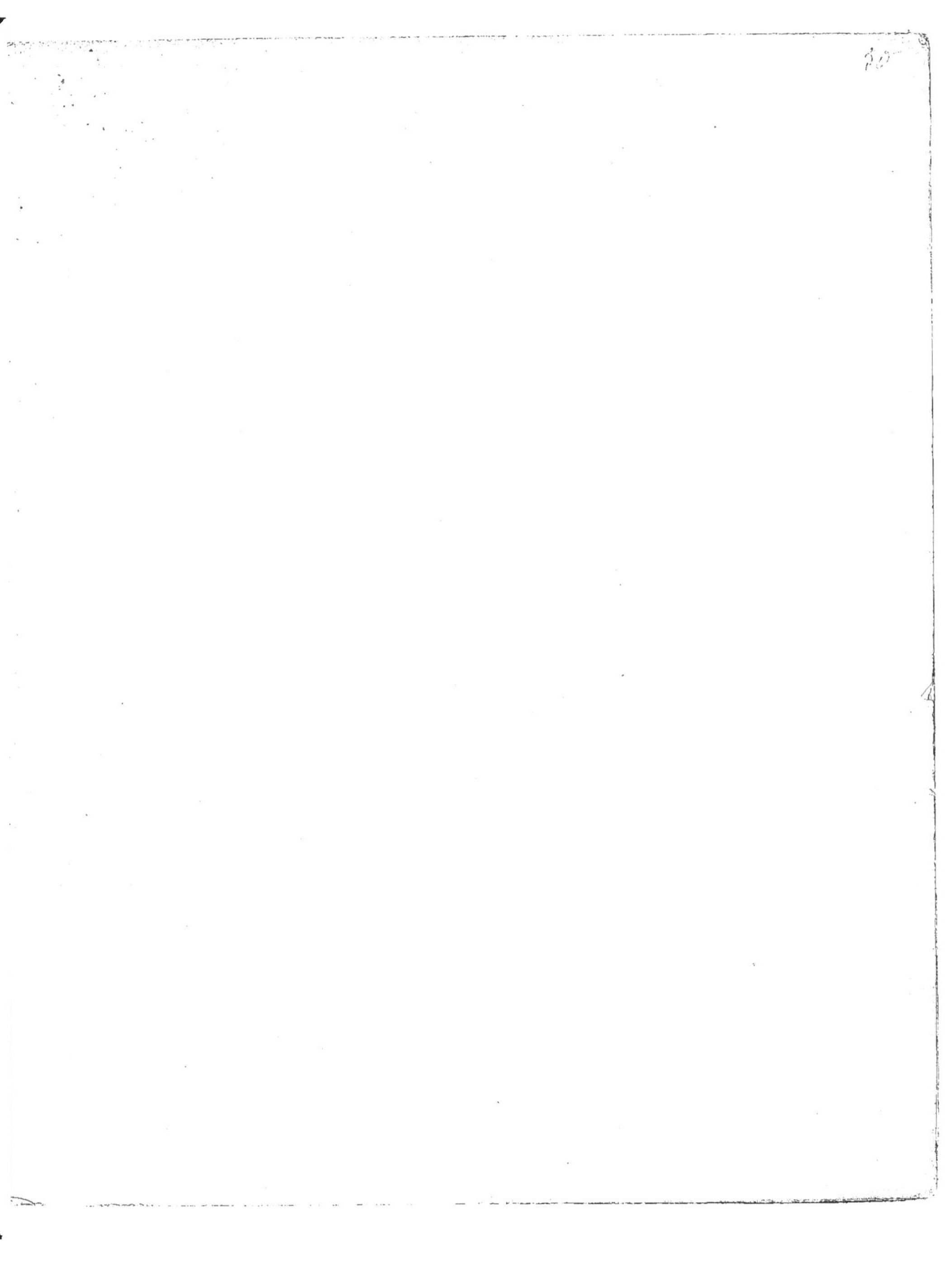

FRANÇOIS GAUZI

Images et Boniments

Au Pays d'Oc

TOULOUSE

Cet ouvrage contient 10 xilogravures originales hors texte
et 104 Illustrations dans le texte.

TOULOUSE

IMPRIMERIE ET LIBRAIRIE ÉDOUARD PRIVAT

14, RUE DES ARTS (SQUARE DU MUSÉE)

1925

JUSTIFICATION DU TIRAGE

Tirage unique à 3oo exemplaires sur papier alfa, numérotés de 1 à 3oo.

N° 

Images
et Boniments
Au Pays d'Oc
TOULOUSE.

AVANT-PROPOS

Ce volume contient des xilogravures et des dessins relatifs à Toulouse. L'auteur a tenté, par l'opposition des masses de lumière et d'ombre, d'y préciser le caractère local, le côté pittoresque des rues, des monuments, des églises de cette ville.

Afin de rompre la monotonie des Illustrations, il a cru devoir ajouter quelques notes, qui les complètent, les expliquent à la manière de boniments débités par un montreur d'images.

Un étranger à qui on demandait son opinion sur Toulouse répondit : — « C'est une ville moyenâgeuse. » — Un autre dit : — « C'est une ville sans luxe. » — En somme, une vieille dame mal tenue. Il est rare que les personnes âgées soient sans « caractère ». Un peintre qui doit reproduire les traits d'un vieillard est enchanté de l'aubaine, tant il se croit certain de réussir. Pour les villes, c'est un peu comme pour les gens. Les vieux quartiers tracent des rides sur la face d'une cité, ils marquent profondément et intéressent.

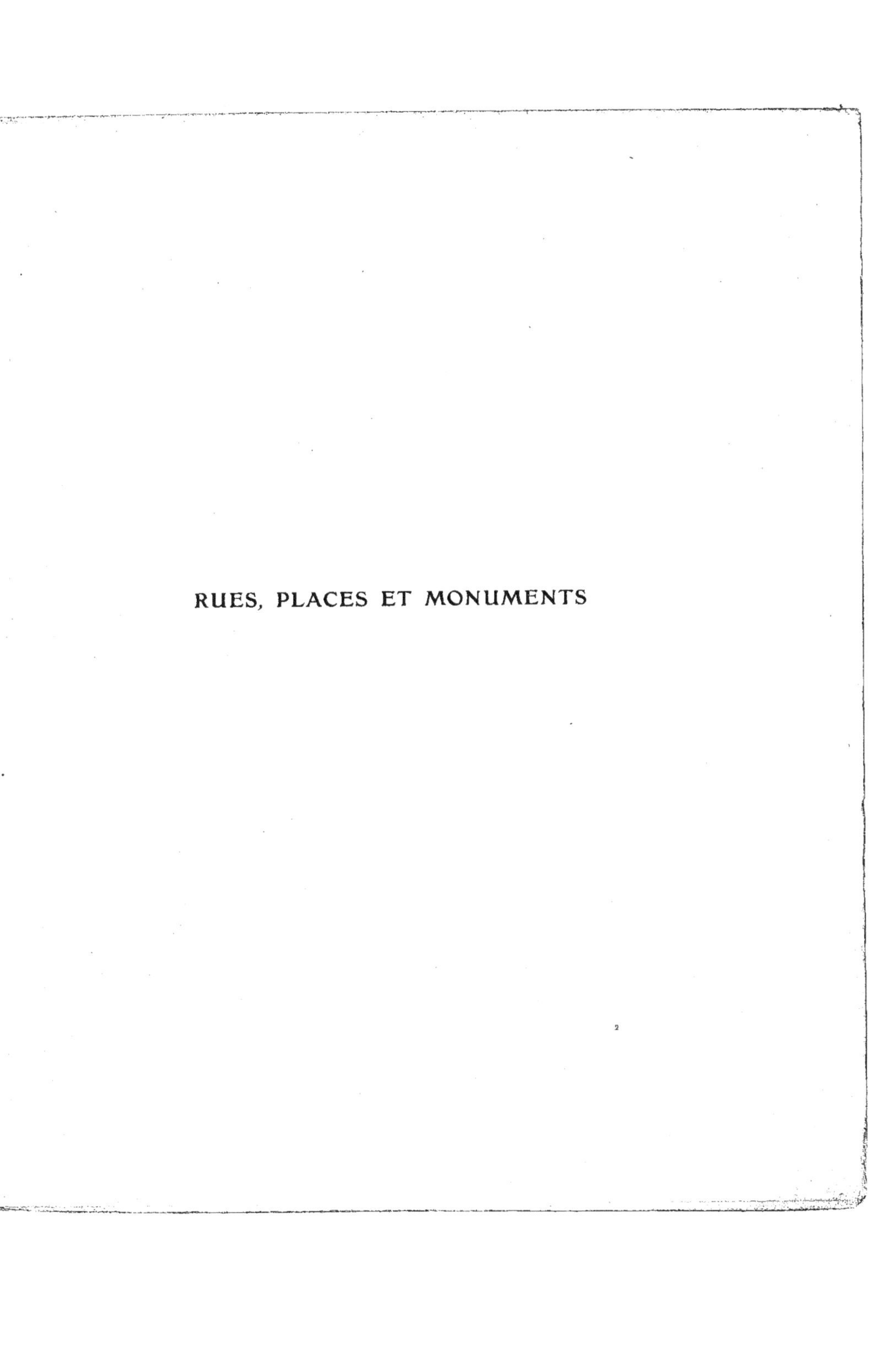

RUES, PLACES ET MONUMENTS

# VIEUX QUARTIERS -:- VIEILLES RUES

Toulouse n'a pas de coquetterie et fait peu de chose pour se rajeunir. C'est la ville de Dame Clémence, des Capitouls et des Mainteneurs des Jeux Floraux. La principale fonction de ceux-ci est de maintenir la langue d'Oc, contre le langage usuel des paysans, le patois, qu'ils méprisent. Mais le patois continue, quand même, de vivre sans se soucier d'aucune règle. L'Académie des Jeux Floraux décerne des prix et des fleurs de métal noble, aux poètes Occitans dont les envois, aux concours, ont été distingués. La distribution des prix a lieu le 3 mai.

Les Toulousains maintiennent, dans leur ville, les vieilles rues avec leurs ordures, leur boue, pendant l'hiver, et leur étroitesse qui les rend fraîches au mois d'août. De cela, tout le monde est satisfait ; à quoi bon se hâter de transformer la ville, puisque par l'usage elle s'est façonnée aux goûts des habitants. Les vieilles rues du quartier Saint-Charles sont lépreuses sans vergogne.

Quelques-unes ont des mœurs campagnardes. Les habitants y « font devant de porte ». La rue est une basse-cour où les pigeons vont et

viennent au pas de parade. Des poules grattent par terre avec leurs pattes espérant éparpiller les pavés comme le fumier devant les métairies. Les chiens pullulent. Tout le monde a le sien à Toulouse. Ceux du quartier Saint-Charles ont la fringale, chez leur maître la pitance arrive au petit bonheur, peu ou pas, alors ils reniflent dans les boîtes à ordures qu'ils renversent. Les chats sont plus rares. La nuit, selon leurs mœurs, ils se poursuivent sur les toits en miaulant d'amour et dans la rue ils sont un gibier que les chiffonniers chassent au crochet, avec une préférence marquée pour les chats jeunes, tendres, dont ils obtiennent le civet de haut goût. Au Peyrou — la petite borne — c'est plus compliqué, on y est dévot ou le contraire. Le chant des cloches de la basilique rend ingénieux les doigts des jeunes filles qui brodent des chasubles avec des fils de soie, d'argent et d'or entremêlés. Dans ce quartier on est en relations avec une variété indésirable de petits pavés qui offrent leurs pointes aux pieds délicats. Ils sont redoutés des Toulousaines dont s'affirme le culte des jupes courtes jusqu'aux genoux et des chaussures à talon haut, qui allongent les jambes gaînées de bas transparents. Si, parfois, on en rencontre quelqu'une qui se hâte avec précaution, on la considère d'un œil, certes, à l'avantage de son physique, mais moins favorable à sa vertu. Visiterait-elle une maison où l'on passe discrètement ?

On recommande aux touristes de se promener, la nuit, parmi les vieilles rues de Tolède, lorsque la pleine lune accroche aux points saillants son fantastique reflet. Où n'atteint pas la clarté indécise, le mystère guette. Parmi l'impénétrable découpure noire, des spectres se figent au mur, l'œil halluciné croit voir des mains se nouer aux barreaux des fenêtres et des ombres humaines se tenir immobiles dans l'ombre. En haut, un chemin d'outremer est plaqué entre les toits, la flèche de la cathédrale marque le but. On n'entend pas un bruit, sinon le claquement de ses propres pas sur les pavés. Parfois, au coin d'une rue, un lampion, dans une niche, éclaire la statue de la Vierge, ou celle d'un saint, et l'imaginatif peut se croire au temps de l'Inquisition.

Toulouse procure les mêmes visions, mais les niches qui ont conservé leurs statues sont rares. On en voit encore une, avec sa Sainte Vierge, protégée par un grillage, à l'angle de la rue de la Dalbade et de la rue Saint-Jean. On n'allume pas de luminaire, il est remplacé par les becs de gaz qui brillent presque un peu plus.

Les vieilles rues du quartier Saint-Étienne paraissent être des coupe-gorge. La rue Neuve est si sombre, qu'il est permis aux femmes d'y avoir peur, vers 1 heure du matin ; elle est si étroite, que Jean-Pierre de Montastruc la barrait de ses bras étendus. C'était un géant, redouté dans la lutte à main plate. En vieillissant, sa colonne vertébrale s'était déviée et il était devenu bossu et invincible, car malgré que son adversaire lui tordît le cou à l'étrangler, il ne pouvait parvenir à plaquer au sol, ensemble, les deux épaules qui se balançaient sur un pivot. Dans la rue Neuve on assassina, une nuit, il y a quelques années ; depuis lors, elle est désignée aux amateurs d'émotions.

Certainement, les Toulousains prennent du plaisir à envoyer les étrangers, curieux de visiter leur ville, se promener parmi les petites rues, où sont les portes du xive siècle, basses, étroites, méfiantes, que des chimères gardent et que des fleurs enjolivent. Les ouvertures moins peureuses, se sont agrandies au temps des chaises à porteur et des carrosses, lorsque les laquais, poudrés, dorés, très dignes, se tenaient debout sur les planches, à l'arrière, en serrant les courroies. On les choisissait habiles à garder l'équilibre au saut des ornières.

Les vieux quartiers sont nobles et orgueilleux de leurs hôtels, qui se parent de tourelles coiffées d'éteignoirs, comme des chandelles. Les vieilles maisons, par quoi s'est manifesté le luxe des Toulousains de jadis, nous prouvent la sûreté de leur goût, mais elles nous montrent aussi qu'ils consentaient à passer leur vie dans des chambres le plus souvent humides comme les cavernes où habitaient les hommes de l'âge de pierre. Et ces vieux murs contiennent une part de mystère, on les aime, pour cela, et parce qu'ils sont agréables à regarder.

Avant la guerre on redoutait de se loger dans ces maisons pompeuses et tristes.

Depuis, Toulouse gorgée comme une oie grasse, est saturée d'habitants. On se tasse jusque dans les recoins, les caves, les galetas, où on n'a pas la compensation d'admirer des fenêtres à meneaux, ni des portes aux frontons étayés par des cariatides dévêtues. Des privilégiés ont, seuls, la joie d'accueillir le soleil les visitant chez eux, en même temps que la satisfaction de contempler les feuilles des platanes, qui végètent, péniblement, sur les boulevards.

RUE SAINT-ROME

Le cœur de Toulouse battait autrefois rue Saint-Rome; l'œil, c'était les quatre coins des Changes. Là, se trouvaient les bazars, les grands tailleurs, les bottiers, les magasins des libraires, des parfumeurs, des bijoutiers, des casquettiers, des vendeurs d'armes de chasse, d'attaque et de défense, partout c'était la boutique de luxe et le grand choix.

La rue d'Alsace est venue, tout près de la rue Saint-Rome, trop étroite, trop vieille, et s'est mise à suivre le même parcours. Alors, pour fêter la jeune, on a tourné le dos à l'autre qui, de reine est devenue suivante et s'est trouvée réduite à accompagner la rue d'Alsace, humblement, mais non sans regimber, ne voulant pas rester passive devant une situation désavantageuse à ses profits.

Un moyen d'éviter la honte d'une condition inférieure, c'était d'imiter la voisine encombrante. Il faut aller de l'avant, toujours, l'immobilité est funeste, l'eau stagnante pourrit, bonne

seulement à engendrer des moustiques. Et la rue Saint-Rome, pour s'agrandir, souhaite absolument abattre les vieilles maisons, qui la font tordue comme un vieux chêne. Sans désirer une catastrophe, un tremblement de terre ou un incendie, leurs propriétaires voudraient, simplement, vendre au prix fort leurs maisons à la ville de Toulouse, ce qui permettrait de faire disparaître les logements inconfortables, et les cours qui servent de cage d'escalier, à ciel ouvert, où il pleut sur les escaliers de bois, charpentés aux angles. Les marches tournent autour d'un pivot suspendu dans le vide et semblent devoir tomber à la moindre secousse; cependant, elles restent solidement accrochées, depuis des siècles. Selon la loi du progrès, ces cours seraient remplacées par d'autres, sans doute aussi étroites et humides, mais sans escaliers extérieurs. Les trottoirs, qui s'éclipsent et rentrent dans les maisons par les portes très étroites, mais malgré cela suffisantes pour les avaler, deviendraient larges, droits, tracés au cordeau. Les quatre coins des Changes seraient transformés en place, avec, au milieu, la tour de Brucelles, conservée parce qu'elle en est digne.

C'était un projet séduisant pour les intéressés, que d'abattre une portion de la rue Saint-Rome, mais, dès qu'il fut divulgué, les protestations commencèrent. Les Toulousains de Toulouse, réunis en Société pour maintenir les choses en l'état, ne veulent pas qu'on touche, dans leur ville, à rien de ce qui conserve un atome d'art vétuste, aussi ils ont manifesté leur déplaisir, avec beaucoup de tapage dans les journaux, qui cataloguèrent, sans en passer une seule, toutes les vieilles pierres de la rue Saint-Rome. Les Toulousains de Toulouse firent entendre de grands cris, pour attester la profanation de l'art et le vandalisme des travaux de démolition, s'ils avaient lieu. Ils assaillirent M. le Maire de Toulouse avec des suppliques, et les journaux avec des articles archéologiques, ils prédirent la fin de Toulouse, ville d'art. Ce à quoi, les propriétaires commerçants répondirent par des pétitions, des devis et quelques invectives. Survint la grande guerre, qui calma les antagonistes, plutôt surexcités. Depuis, c'est le silence.

ÉGLISE ET RUE DU TAUR

Le supplice de saint Sernin a valu à la rue du Taur le nom qu'elle
porte encore depuis des siècles. Au lieu même où le taureau s'arrêta,
où le corps meurtri du saint fut piétiné, puis saisi par les cornes de la

bête et projeté dans l'air comme un ballon, à l'endroit précis où le martyr expira, on construisit une église qui fut l'église du taureau; le Taur.

Le style est ogival, la façade sévère est embellie par un portail en forme de tryptique. La partie médiane seule est ouverte, les volets sont murés et transformés en niches, où des statues ont pris place. Mais ce sont des copies. Celles qui les occupèrent, en premier lieu, sont perdues. On les a remplacées par des reproductions d'œuvres médiévales, dont les originaux ornent le cloître des Augustins, devenu un Musée. On ignore ce que furent les images primitives; on peut se les représenter, en argile cuite, recouverte de couleurs éclatantes, pour cacher la pauvreté de la matière. Alors elles apparaissent dans leurs niches comme des images, échappées de parmi les enluminures d'un missel.

La forme du clocher est particulière au pays toulousain. On la rencontre souvent parmi les églises de village, où les maîtres-maçonniers du xive siècle, séduits par sa simplicité, en usèrent de préférence. La façade du Taur se déploie sur le ciel comme un oriflamme rouge. De la rue, où elle se présente de profil, on croit voir une tour octogonale, terminée en pointe; en réalité, c'est un mur énorme, percé d'ouvertures réservées aux cloches. Une tourelle est accrochée à chacun de ses bouts.

La rue du Taur va, à peu près droite, du Capitole à Saint-Sernin. Les trottoirs jouent de l'accordéon, ils s'étirent et s'amincissent à rien. Ils sont d'asphalte, mais vers le bout, près de Saint-Sernin, ils se composent de petits cailloux, non taillés, pointus, vierges comme la nature les a faits et, parmi eux, coule l'eau savonneuse des éviers.

Les passants marchent volontiers au milieu de la rue, où les voitures ne les gênent guère. Les boutiques y sont modestes et particulièrement appréciées des antiquaires, ceux-ci estimant, sans doute, que les vieilleries sont, là, dans leur cadre naturel. Pour ajouter à l'illusion, ils entassent les objets, pêle-mêle, sans jamais en nettoyer aucun : il est bon que tout soit sale.

L'usage du plumeau est interdit, on vend la poussière avec le bric-à-brac.

Rien ne trouble la tranquillité de la rue du Taur, qui s'animait autrefois au passage des processions. Alors elle était en fête, les nobles la pavoisaient avec de belles tapisseries ; les commerçants, plus modestes, avec des draps, sur quoi des fleurs naturelles étaient piquées. La jonchée cachait les pavés sous des rameaux de buis ou de laurier. Le jour de la Saint-Jean, elle se transformait en jardin.

Les Toulousains sexagénaires se rappellent avoir vu, le long des trottoirs, les plantes assemblées suivant leurs goûts et par des sympathies naturelles. Quelques-unes se séparaient du commun, c'étaient celles qui font partie du corps médical et qui guérissent parfois. La camomille, ronde et blanche, avait pour voisins le tilleul sudorifique, la bourrache montrant un œil bleu à travers ses feuilles de velours, la menthe, la religieuse mélisse, la rhubarbe, qui dégonfle les ventres, la sauge, au goût amer, et d'autres dont les bienfaits sont généralement reconnus. A l'écart se dissimulaient la rue et l'armoise, parfois criminelles. Pour pénétrer dans cette société, il fallait des titres ; néanmoins, elle tolérait les plantes aromatiques, le romarin et la lavande, frère et sœur se tenant par la main, la verveine agréable à Vénus et même l'absinthe, qui n'était pas encore pourchassée.

Mais le prix revenait aux fleurs glorieuses de leur beauté et dont les fonctions sont d'être belles, frivoles et désirables. En premier lieu, la reine des reines, la rose, buisson parfumé, bouquet merveilleux, blanc ou rose, ou bien ambré, couleur « cuisse de nymphe » émue par le satyre.

La rose était entourée par des géraniums, des cactus fleuris de cornets, des iris blancs, des iris noirs, des hortensias criblés de boulets
roses, ou bleus par artifice, et même par des lis, que les jeunes filles
achetaient pour orner les chapelles de la Vierge. Les odorantes clochettes au battant d'or, groupées en bouquet blanc autour de la tige,
servaient à fleurir les autels de la Madone, entre les cierges de cire
pure dont la hampe se termine d'une flamme d'or.

La rose était aussi escortée par les fleurs d'amour, qui excitent le
désir, troublent les sens.

Le jasmin, dont les branches flexibles s'arrondissent en berceaux et
forment des nids, où l'ombre se fait la complice des amours timides.
Accueillant et fidèle, il appelle les amants, les invite et pour les retenir
leur offre ses petites étoiles blanches, suaves.

La tubéreuse, exigeante, ne tolère pas de rivale, n'admet aucun partage; c'est la maîtresse violente et jalouse, au parfum capiteux qui asservit les cœurs.

Au bout des doigts ornés d'ongles précieux l'œillet pourpre va, vient, sert de jouet. Il se pose sur des lèvres peintes, les dents aiguës saisissent ses pétales poivrées, les déchirent, les laissent saignantes au coin de la bouche. C'est la fleur des amours tragiques.

La foire aux fleurs, la procession parcourant la rue du Taur, sont des visions déjà lointaines. Le vieux Saturne emporte vite la jeunesse au bout de sa faux. L'immortel vieillard détruit et renouvelle sans fatigue. Il a bouleversé la ville, secoué les goûts et les habitudes des Toulousains. Le marché aux fleurs, transformé, anime aujourd'hui la place Esquirol. Les dévots ne |suivent plus, à travers les rues, les reliques des saints enfermées dans des châsses; l'intérieur de l'église doit suffire aux processions religieuses. La rue est réservée à ceux qui manifestent derrière un drapeau rouge.

Si la rue du Taur a perdu de son animation, l'église a gardé ses fidèles qui, par elle, sont confiants. Ils espèrent voir reverdir les branches mortes, briller de nouveau les flambeaux consumés, la rue retrouver ses fleurs, les maisons se draper de blanc; un Suisse, en culotte courte, conduire la procession sur les buis répandus et les enfants de chœur, coquelicots géants, balancer l'encensoir parmi la fumée au pieux arome.

LA RUE OZENNE
ET L'HOTEL DE TOURNOËR

La rue Ozenne a fait une trouée au milieu du quartier des nobles. Elle va de la place des Carmes au Jardin des Plantes, où elle arrive juste devant la grille et les colonnes, autour de quoi, la glycine enroule ses torsades enchevêtrées. Le nouveau passage se trouvait en partie bouché par l'Hôtel de Tournoër. Les arpenteurs n'hésitèrent pas à couper la tranche qui les gênait, mais ils dédaignèrent la tour, avec la partie la plus importante de la vieille demeure que Pierre Dahus fit construire au xvᵉ siècle.

Les amputations sont peu recommandables; néanmoins, la nouvelle rue, en abattant des murs et en donnant de l'air, a démasqué l'Hôtel de Tournoër jusqu'alors invisible et que rien ne signalait dans une ruelle étroite. Du dehors, nul ne pouvait deviner l'ordonnance architecturale qui se développait, avec ses ornements, sur la cour et les jardins.

On a donné à la rue le nom du banquier Ozenne, à cause du cadeau qu'il fit à la ville en lui léguant l'Hôtel d'Assézat, sous la condition d'y loger les Sociétés savantes. Mais à Toulouse, comme ailleurs, les Sociétés sont nombreuses, tellement, qu'on n'en connaît pas le nombre. Le vieil Hôtel offrait à leurs convoitises ses salles vides, son escalier en colimaçon, sa porte richement sculptée, et, pour servir d'enseigne, sa tour dépassée par un grêle lanternon. Quelques Sociétés, qui ne sont pas admises parmi les savantes, en entreprirent le siège et montèrent à l'assaut, chacune de son côté. Il fallait, d'abord, prendre pied, cela permettrait de s'installer définitivement, plus tard, lorsque la demeure aurait retrouvé sa solidité, grâce à des réparations que tout le monde jugeait indispensables.

Les Astronomes emménagèrent tout en haut, le plus près du ciel possible. Les Agriculteurs, dans la salle du 1er étage, s'entourèrent d'images, pour orner les murs, et aussi pour s'instruire. C'était des épis de blé, malades, rongés par le charbon, avec, à côté, d'autres épis, très vigoureux, montrant l'efficacité des remèdes; des ânesses avec les ânons; des chevaux d'attelage, Tarbais ou Normands; de gros Boulonais forts comme des bœufs, et de quantités d'autres bêtes ou plantes relatives à l'agriculture. Le rez-de-chaussée servait de débarras aux

Toulousains de Toulouse. Ainsi placées, les Sociétés attendaient les événements.

Les astronomes observent le ciel, les collectionneurs recherchent les vieux objets, les agriculteurs ont le sens des réalités. Ils savent que, de ce qui appartient à tout le monde, personne ne prend soin. Évidemment le meilleur moyen d'avoir à soi une maison que l'on convoite, c'est de l'acheter. Ils achetèrent l'Hôtel de Tournoër et ce fut une bonne action et une bonne affaire. Entre leurs mains, immédiatement, il fut consolidé, réparé avec tact et mesure, ce qui vaut qu'on les en loue.

JARDIN DU PRÉSIDENT-WILSON

Le Jardin du Président-Wilson tourne autour d'un bassin, au centre de quoi est assis Goudelin Peïre en marbre. A ses pieds, la Garonne s'échappe d'une urne qui sert d'oreiller à une femme plantureuse et nue.

Goudelin, sur son socle, rêve parmi les plantes aquatiques, comme il avait coutume de le faire dans l'île du Ramier. Ainsi le voulut Falguière.

Le jardin est entouré d'une grille autour de laquelle attendent les cochers. Ils sont peu nombreux, c'est une profession qui tend à disparaître, vaincue par les chauffeurs de taxis. Ils n'ont pas d'uniforme,

c'est d'un luxe inutile. Ils sont haut assis sur leur siège, à côté d'une lanterne marquée d'un nombre, ce qui indique leur fonction de se rendre utiles aux gens pressés, ou bien à ceux qui ont les pieds plats et détestent marcher. Le cocher toulousain, en outre du fouet, possède un parapluie bleu, très grand, qui le préserve du vent, de la pluie, du soleil et qui lui sert de salle à manger lorsque sur son siège il mastique son fricot. Il boit son vin directement à la bouteille « à galet ». Si un client demande à « charger », il range ses provisions de bouche dans un cabas. Au prochain arrêt, à son loisir, il se remettra à table. Les chevaux ont sur l'échine une couverture pendant l'hiver et, l'été, sur la tête un casque contre l'insolation. Par goût, ils trottent lentement et leur patron ne tient pas à les fatiguer.

Les petits oiseaux affectionnent le jardin. Les charmeurs les y apprivoisent et les engraissent à la mie de pain. Les moineaux s'y réunissent au coucher du soleil, alors ils piaillent en se disputant sur les branches la meilleure place pour dormir. Une fois, le faucon, attiré par ces appels, tomba comme un bolide sur un bavard, juste au-dessous de lui. La cuisine etait bonne, il revint chaque soir au garde-manger, et, chaque fois, il y eut un moineau de moins. Les habitués du Café Lafayette, en prenant leur apéritif, assistaient à une chasse au faucon. Parmi eux se trouvaient des chasseurs, des bons, de ceux qui débusquent le sanglier dans le taillis, et dédaignent de chasser les pigeons et les pintades autour des métairies. Ah! s'ils avaient eu leur fusil! Un faucon ne vaut pas un sanglier, mais c'est un beau coup de fusil tout de même. Le faucon venait les narguer, il devait être châtié, à cause de son audace et de son appétit. Après des démarches nombreuses auprès des administrations compétentes, les chasseurs, dûment autorisés, s'embusquèrent parmi les massifs. Autour de la grille du jardin il y avait autant de curieux, pour assister à la mise à mort du rapace, qu'aux arènes un jour de course de taureaux. Le faucon vint à l'heure habituelle pour cueillir son moineau et les chasseurs le saluèrent d'un feu de salve bien serré, mais ils le manquèrent. L'oiseau de proie eut peur, prit la fuite et ne revint plus.

RUE D'ALSACE

Le donjon du Capitole perdit sa toiture, parce qu'elle était délabrée
et à cause des efforts hostiles du vent d'autan contre elle. Viollet le Duc
l'a recoiffé d'un chapeau de cérémonie noir et pointu, au sommet de

quoi une girouette sous la forme d'une chimère, indique aux Capitouls municipaux, par ses volte-face vers le Capitole et vers le jardin, les fantaisies du suffrage universel. Au temps que la toiture était barlongue une statue de bois, représentant saint Michel, tournait sur un pivot, au centre du faîtage ; à chaque bout rayonnait un soleil.

Le vent d'autan est le roi des vents, il gêne la respiration des asthmatiques, amollit les jambes, et, passé trois jours, ou davantage, provoque la pluie. Lorsqu'il souffle en tempête, il fait voler les tuiles sur les toits. Néanmoins, il paraît incapable de démolir un escalier de pierre. Mais cela dut arriver puisqu'on retrouva celui du donjon complètement bouleversé. C'était un escalier qui s'élevait en pente douce, comme une côte. On pouvait en faire usage pour monter les pièces d'artillerie à la hauteur des créneaux. C'était un escalier solide. Il fut démoli, vite et mal, les pierres furent chavirées, entassées comme de vulgaires cailloux. Lorsque l'idée vint que pour monter au sommet du donjon un escalier était nécessaire, les architectes se souvinrent de celui qui avait déjà servi à cet usage. Ils passèrent quelque temps à jouer au puzlle avec les pierres qu'ils retrouvèrent, mais ils furent quinauds et parfaitement incapables de les assembler de nouveau avec justesse. Ils avaient perdu la clé et ne surent pas la refaire, le vieux escalier restera toujours fermé.

Le jardin du donjon est le jar-

din de Toulouse, que les curieux cultivent de préférence. Pendant l'été, ils s'asseyent sur les bancs, où ils sont serrés comme des dattes dans une boîte et de là ils voient les trottoirs de la rue d'Alsace s'encombrer vers cinq heures après midi. La chaussée est impraticable, les tramways, les automobiles, les voitures chassent les piétons à la place qui leur est réservée le long des murs, et pour avancer dans la rue il faut prendre patience. Beaucoup de Toulousains se connaissent, tous passent rue d'Alsace et lorsqu'ils se rencontrent, ils s'arrêtent, se congratulent, bouchent le passage sans se soucier des bousculades. Les étalages s'étalent sur une bonne partie du trottoir qu'ils encombrent également et toujours des voyageurs stationnent en attendant le tramway. Pour ces causes, les gens pressés doivent marcher, comme tout le monde, au pas de tortue.

Il y a beaucoup de Toulousains qui n'ont rien à faire, ou qui ne font rien, si ce n'est de changer de place. Il en passe toujours dans la rue d'Alsace et encore d'autres qui se suivent. On en revoit quelques-uns qui font sans cesse le même parcours, jusqu'au moment où ils disparaissent à la poursuite d'une aventure qu'ils espèrent agréable et gratuite. Ils suivent les jolies femmes que la mode habille, maintenant, avec des étoffes si indiscrètes qu'elles paraissent transparentes, car elles s'appliquent très bien sur les formes dont elles soulignent les perfections. Ils n'ont pas à se hâter pour suivre les jolies femmes qui marchent lentement avec élégance, sur la pointe des pieds, par le vouloir des chaussures à haut talon qui cambrent les jambes gainées de bas d'une finesse extrême. Si les jolies femmes sont gourmandes, elles entrent chez le confiseur, chez celui où, sur la porte, dans un médaillon, sourit le portrait de l'épistolaire marquise. Là des friandises sollicitent leur péché mignon. Pour elles on a préparé du thé, du chocolat à la crème,

des gâteaux, des sucreries de toute sorte. Lorsque leur gourmandise est satisfaite, elles font sortir de leur inséparable sac à main un petit miroir, dans quoi elles se regardent, contentes de ressembler à Dolly, la poupée fétiche, qui, sur l'étagère de leur boudoir, a remplacé Nenette et Rintintin. Elles promènent, alors, autour de leur nez une houpette imprégnée de poudre de talc, violette pour les blondes dont le teint doit rester blanc, mais le plus grand nombre la préfèrent ocrée, couleur de pain d'épice, celle dont la boîte porte sur l'étiquette l'inscription « La Mauresque ». La mode de se brunir la peau est venue de Biarritz, où, sur la plage, les femmes étalent au soleil leur dos, leur gorge et leurs cuisses. Couchées sur le sable, aussi nues que possible, elles se tournent, se retournent, se font saler et rôtir comme des dindes à la broche. Elles semblent éprouver réellement beaucoup de plaisir à prendre des coups de soleil. Dans les salons « A la Marquise de Sévigné » les femmes, pour aviver leur teint, boivent, dans des petits verres de cristal serti d'argent, quelques gouttes de vin de Malvoisie qui pique à leurs pommettes une pointe de fard rouge.

La rue d'Alsace est très longue, aussi à moitié chemin elle change de nom et devient la rue de Languedoc qui est une rue entrelardée de maisons neuves et d'antiques Hôtels, souvenirs de la rue du Vieux-

Raisin. A l'entrée, l'Hôtel du capitoul Beringuier-Maynier se cache dans une cour, derrière deux pavillons reliés par une terrasse. Des statues de Dieux et de Déesses forment les colonnes qui encadrent les fenêtres. Des amours, des guirlandes de fleurs et de fruits, des sculptures compliquées, des sujets divers qui se combinent à des échelles différentes, nous indiquent que l'Hôtel fut construit à l'époque de la Renaissance.

Dépaysée dans la rue neuve, une petite maison fait s'ouvrir une porte étroite et basse, au linteau orné de dragons, et où des lézards, des lions, des chiens se rencontrent sur la saillie d'un arc ogival. Presque en face un petit Hôtel revêt la belle ordonnance, la sûreté de dessin, la grâce pondérée qui signale le xviiie siècle.

Lorsqu'on arrive au bout de la rue, parmi les arbres plantés en quinconce, on reconnaît la statue de Cujas qui, sans vouloir regarder en face le tribunal, tourne le dos à la place du Salin.

RUE DE METZ

La rue de Metz commence au pont de pierre. C'était, autrefois, la rue du Pont qui amenait les gens de Gascogne, en plein dans le quartier des marchands. Un bout de la rue de l'Écharpe prend en biseau la rue de Metz et s'arrête à propos afin de ne pas masquer une porte monumentale, s'ouvrant dans un mur nu. Au-dessus paraît être posée la lanterne qui termine la tour de l'Hôtel d'Assézat. Il faut entrer dans la cour pour admirer l'ordonnance architecturale des fenêtres, du préau et de la loggia de l'Hôtel d'Assézat, merveille de l'architecture de la Renaissance à Toulouse. Il fut construit en 1555 par le maître-maçon Nycot, lequel, on a tout lieu de le croire, a travaillé sous la direction de Nicolas Bachelier.

Un peu plus loin, la rue de Metz s'élargit et devient la place Esquirol. Les Toulousaines y trouvent les fleurs que leur coquetterie appelle d'instinct. Elles les achètent, pour elles, pour leur plaisir ; et les fleurs rares, coûteuses, jaillissent des vases, dans les salons, en harmonie avec le collier de perles enroulé au cou de l'hôtesse. Les hommes achètent les fleurs en bouquets dont les tiges sont entourées d'un papier, découpé en forme de dentelle, imitant les collerettes qui serraient le cou des dames au temps de Marie de Médicis. Ils les envoient aux femmes dont ils sont épris avec l'espoir que cet hommage les rendra amoureuses d'eux, et leur fera toucher la cible de leur désir. L'expérience leur a appris que les femmes ne résistent pas à l'admiration que l'on a pour elles, lorsqu'on la leur témoigne par des envois de fleurs dont les couleurs et les parfums les fascinent.

La place Esquirol s'arrête à la rue d'Alsace, d'où la rue de Metz repart rajeunie de quatre-vingts ans.

La grille de fer forgé qui défendait Toulouse au Cours Dillon, protège un tout petit jardin, où, devant un mur tapissé de roses, s'érigeait, il y a quelques années, la statue de Vestrepain, le cordonnier poète. Debout, le ventre bedonnant, moulé par le tablier de cuir professionnel, il récitait ses vers patois aux moineaux du jardin. Mais, exposé à la pluie et au soleil, l'homme de plâtre, car la statue était en plâtre,

s'est désagrégé peu à peu; il a d'abord perdu ses doigts, puis ses mains, et pour sa honte, ses souliers se sont percés. C'était pendant la guerre, personne ne prenait garde à Vestrepain, on avait d'autres blessés à soigner. En 1920, on s'aperçut que le poète était malade et la Ville lui envoya les rebouteux, un architecte avec son aide, le sculpteur. Il était trop tard, hélas! A peine eut-on touché au bonhomme pour le recoller qu'il s'écroula sur son socle. La guerre avait fait une victime de plus, l'œuvre de Mercié était morte.

Non loin de là, sous le préau, une Velléda repose ses membres opulents. Elle est à l'abri, et c'est à peine si, les jours d'orage, la pluie mouille le bout de son pied de marbre.

A la fin du siècle dernier, les bâtiments de l'École des Beaux-Arts occupaient la place du jardin, et se mélangeaient avec ceux du Musée. Des étages supérieurs, les jeunes artistes apercevaient le

clocher de l'ancien couvent des Augustins. Ils admiraient la tour médié-
vale, aux fenêtres à losanges, à la toiture, très plate, recouverte de tuiles
selon l'ancien usage du pays. Les artistes ne sont pas avares de leur
temps, ils le perdent volontiers et leur métier veut qu'ils soient curieux.
Le clocher, dont l'entrée était interdite, semblait leur dire : « Mais venez
donc. » Ils y furent en faisant l'école buissonnière. Faute de buissons,
ils passèrent sur les toits pour avoir le plaisir de tourner dans la vis de
l'escalier de pierre, et de s'aventurer au dehors, sur la saillie formant
plate-forme, en s'accrochant aux briques, comme les giroflées jaunes
fleuries dans la muraille. L'escapade finit à leur gré, il n'y eut pas de
dégâts, et les gardiens, débonnaires, ne virent rien.

LA TOUR DES CORDELIERS

La tour des Cordeliers ressemble à une cheminée d'usine, on y fabrique du plomb. Isolée parmi des terrains vagues, elle marque, comme un jalon, la place de la chapelle dont elle fut le clocher. Un arbre indique où se trouvait le cloître.

Le couvent avait une spécialité qui attirait à lui les personnages de haute lignée, ceux qui s'appliquaient à ménager leur corps pendant leur vie et qui désiraient le conserver encore après leur mort. Aux

Cordeliers, on embaumait les cadavres. Mais il fallait ensuite s'abstenir de toucher aux momies, sinon elles devenaient pareilles aux figures de sable que façonnent les enfants au bord de la mer.

Surpris par l'air, le cadavre embaumé se désagrégeait, se nivelait et il n'y avait plus que de la poussière au fond de la caisse.

Mais, puisque les Cordeliers tenaient en don de Dieu le secret par quoi les morts se survivaient, on ne devait ni se moquer, ni douter, comme le prouve l'aventure advenue à un moine, esprit fort, qui paria de pénétrer la nuit dans la crypte aux cadavres, afin de vérifier, lui-même, ce qu'il croyait être un conte de loup-garou dont s'effraient les enfants. Il descendit dans le caveau. Éclairé par une lanterne, il ouvrit un cercueil et vit deux yeux noirs fixés sur lui et une bouche qui ricanait. Il entendit le ricanement. Alors ses mains tremblèrent et il claqua des dents. Il referma le couvercle, enfonça les pointes à grands coups de marteau, en hâte, au hasard et voulut fuir. Mais les mains du mort le retenaient par la robe, obstinément, sans lâcher prise. Il est dangereux d'être incrédule, Jésus a pardonné à saint Thomas, mais Dieu punit le moine qui mourut de peur.

Voilà pour la légende. La certitude fut longtemps enfermée dans un tiroir du Museum d'Histoire Naturelle sous la forme d'une main venue de la nécropole du couvent et que l'on disait, à tort, être celle de la Belle Paule. Il est certain que la merveilleuse occitane fut enterrée aux Augustins et cette pièce anatomique ne peut avoir été un morceau de sa délicieuse personne. Néanmoins, c'est une aristocratique main de femme, que l'on peut voir encore et qui n'a rien perdu de sa forme, longue et fine, mais dont la peau est brunie.

On a attribué au terrain calcaire du sous-sol la propriété de conserver les chairs, ou, tout au moins, d'empêcher la putréfaction. Quoi qu'il en soit, cette main, rude au toucher, semble avoir été tannée par un procédé d'embaumement. On dirait d'un objet d'art, d'un artistique presse-papier de bronze, comme on en trouve pour les cadeaux d'anniversaire ou de mariage, chez les marchands de la rue d'Alsace.

De l'autre côté de la rue, en face de la tour, on aperçoit le Collège de Foix, lourde maison carrée que des murs entourent. Aux angles quatre tourelles sont amorcées dont le sommet manque. La Basilique avait attiré autour d'elle, comme pour s'isoler de la ville, une multitude de couvents, d'abbayes, d'écoles qui en faisaient un centre intellectuel. De nos jours, les Facultés des Lettres et de Droit continuent la tradition.

LA ROUTE D'ESPAGNE
ET LES BOULEVARDS

La route d'Espagne à Paris traverse Toulouse à partir du Port-Garaud jusqu'au pont des Minimes. Elle sépare l'ancienne ville du quartier neuf bâti autour de la gare; les entrepôts, des Sociétés savantes. Ces dernières sont au nombre de six que le vouloir de M. Ozenne, leur bienfaiteur, abrite à l'Hôtel d'Assézat, où, côte à côte, elles font bon ménage.

Les Boulevards sont ornés de platanes, qui ont toutes les peines du monde à résister à une foule d'ennemis, parmi lesquels les plus acharnés sont : l'électricité, les trottoirs et le gaz. Tous les ans, dès que les feuilles commencent à pousser, on taille les arbres. Lorsqu'ils meurent on les remplace et les Toulousains ont l'illusion d'y voir toujours les mêmes, à part qu'ils rapetissent au lieu de se développer. Sous leur ombre, les marchands s'installent. Leur préférence est manifeste pour la portion qui s'étend de l'avenue Lafayette à la place Arnaud-Bernard.

On tolérait, depuis longtemps, la multitude des petits étalages, les vendeurs de bonneterie, de vaisselle, de bric à brac, sur la voie qui, à l'ouest, se trouve protégée du mauvais temps par les maisons. Lorsque le marché couvert fut transporté sur la place du Marché-au-Bois, aujourd'hui Victor-Hugo, les marchands des quatre saisons déména-

gèrent avec lui. Les petits ont de tout temps cherché l'appui des grands, ils se rapprochent d'eux, les serrent, se mettent dans leurs jambes, si bien qu'ils finissent par devenir gênants. Les chariots à bras, remplis de fruits et de légumes, se mirent à tourner autour du marché, jusqu'au moment où, fatigués de circuler, ils s'arrêtèrent. Or, cela était interdit. Contre une concurrence déloyale, les plaintes affluèrent, et la municipalité renouvela aux petits marchands l'ordre de marcher sans arrêt, sous peine de procès-verbal. Ce fut alors une chasse où l'on joua au plus fin entre les baladeuses, cherchant à résoudre le difficile problème d'avancer sans changer de

place, et les agents qui n'étaient pas dupes. Et les cris, les invectives, les basses injures de pleuvoir sur ces derniers, d'où contravention doublement motivée. Mais il ne faut pas oublier que nous sommes un peuple démocratique et les hommes politiques caressent volontiers les prolétaires. Tout le monde à Toulouse connaît un sénateur, un député, ou pour le moins un conseiller municipal, aussi l'amende était régulièrement levée. Le cercle était vicieux.

La difficulté fut tournée, on autorisa les petits marchands à stationner sur le côté des Boulevards, situé entre la place Matabiau et la rue Roquelaine. Dès lors les deux voies n'eurent plus rien à s'envier, elles sont également encombrées. Les légumes et les fruits occupent sur la balance le plateau laissé libre par les tricots et les chaussures.

Les cafés à musique ont sauté de plain-pied sur les Boulevards et n'en veulent sortir, ni le jour ni la nuit. Ils amoncellent des tables et des chaises qu'ils jettent dans les jambes des piétons, en laissant à regret un tout petit passage, ce dont il faut leur savoir gré, puisque ailleurs, d'autres disposant de moins de place, s'emparent de tout le trottoir et même d'une partie de la chaussée, au risque d'avoir chaises et tables renversées par les voitures. Mais c'est là un léger inconvénient. Il importe surtout au tenancier d'arrêter le client, de lui offrir, l'hiver, la chaleur des braseros pour réchauffer ses doigts gourds, et, pendant l'été, de lui persuader qu'il a soif puisqu'il fait chaud. Mais cela, c'est le ver offert au goujon, s'il pique, s'il s'assied, il est pris. On lui sert, pour son argent, une boisson fraîche à téter au bout d'une paille, ou bien, dans un petit verre, de l'alcool sirupeux parfumé à l'anis, à l'orange ou à la mélisse, au kirsch ou au guignolet. Il a le choix parmi les bouteilles signées Garnier, avec une croix sur une boule, ou par le Père Kermann, qui complète son portrait avec trois points placés en triangle. Il peut également choisir parmi les liqueurs inventées par les Feuillants, les Bénédictins, les Trappistes, par tous les ordres religieux qui eurent des moines gourmands. A minuit, dans les cafés, les musiciens cessent la musique et l'électricité s'éteint dans les rues. Tant pis pour les couche tard, pour eux suffira le gaz dont les manchons verts luisent comme des lucioles enfermées dans des cages de verre.

LA NEIGE

La neige est tombée, parmi les remous du vent, comme un essaim affolé d'abeilles blanches. Elle tapisse Toulouse de froid. C'est une voyageuse qui parcourt la ville pour l'éblouir de sa clarté froide. Les gamins s'amusent d'elle, transformée en un projectile pacifique, qui s'écrase sur le but et rejaillit en poudre, sans causer de dommages. La ménagère, de derrière les vitres, la contemple sans inquiétude, et malgré les ordonnances de police, juge inutile de lui opposer la pelle et le balai. La visiteuse connaît les usages et partira le lendemain.

Le froid devient plus vif, la glace raidit les jambes et plaque à terre les chevaux aux fers lisses qui patinent. Alors les objurgations commencent. — « On se casse les tibias comme du verre. » — « Les maraîchers ne sont pas venus, il n'y aura pas de légumes au marché. » — « C'est un bain de froid russe, gare si ça dure. »

Ceux qui le peuvent restent chez eux, au chaud. Pour d'autres, c'est le repos forcé. Les chariots à bras font grève, seuls les ânes ont de la bonne volonté, ils marchent attelés aux petites carrioles, tenus en laisse, par la bride que le conducteur serre près du mors. Sur les boulevards, les passants sont comme des paquets noirs qui se meuvent. Les dyspepsiques buveurs d'eau et pâles, écoutent la neige grésiller sous leurs chaussures, ils vont vite, les coudes serrés aux flancs, ils flairent le rhume qui monte dans leur nez, malgré le foulard de laine enroulé autour de leur cou et qui escalade leur menton jusqu'à fermer la bouche. Les sanguins capitonnés de graisse sont satisfaits, le froid aiguise leurs dents.

La neige, boueuse, monte jusqu'aux chevilles et voici que la police est sur l'œil. Bon gré, malgré, il faut se mettre à la besogne, chasser l'intruse, jeter du sel et balayer de force. Enfin les rues sont nettes. Mais le lendemain, le givre pleure le long des branches, où des larmes restent suspendues. La brume les voile d'un tulle gris. La neige est revenue et de nouveau les flocons tombent, serrés. Alors c'est le découragement. — « Que vient faire cette blanche pucelle dans le Sud-Ouest ; son pays est dans le Nord, au pôle où elle devrait rester. » — Contre la fatalité il n'y a rien à faire sinon attendre le vent d'autan, adversaire toujours victorieux de la neige. Venue blanche comme chaux vive, elle partira souillée, pareille à un torchon dégoûtant qui gicle, en jets d'eau, sous les roues des camions.

LA BARQUE SUR LE CANAL

La barque avance sur le canal en adoptant l'allure paisible des chevaux qui tirent le câble. Alourdie par des tonneaux remplis de vin, ou
chargée de fruits, elle passe sous les ponts et attend patiemment aux
écluses. Elle ne se presse jamais.

En face, le chemin de fer, son concurrent, tient plus de place. C'est le nouveau riche; il s'orne d'une aigrette de fumée, siffle, fonce trépidant dans le vide. La terre tremble à son passage et les feuilles affolées tourbillonnent. Il a beau courir, l'orgueilleux parvenu bruyant et noir, la barque le dédaigne et pour marquer son mépris, elle se balance.

Depuis des siècles, elle parcourt le monde en musant sur l'eau. Faire vite, aller vite, à quoi bon! La mort est-elle si loin qu'il soit nécessaire de l'atteindre vite, vite, et peut-on hâter le soleil? Comme le train arrive à la gare, la barque arrive au port et le batelier a suivi sa route, loin de la fumée et du bruit, entre les berges, où les renoncules au printemps, piquent dans l'herbe neuve, l'or de leurs boutons.

LA FOIRE

La foire fait la joie des enfants et des grandes personnes. Tous les ans elle amène, au mois de mai, sur les allées Lafayette, le cortège de ses baraques et le charivari de ses musiques. Pour attirer les visiteurs, il est de toute nécessité de les assourdir et de les aveugler. Des lampes électriques à profusion, un orchestre bruyant, un Jocrisse, le nez rougi de vermillon, qui grimace à la parade, sont les principaux attraits du spectacle. Pour racoler les curieux, il faut beaucoup promettre, tenir est secondaire. Afin de donner l'élan, les compères entraîneurs montent les premiers sur l'estrade, ils assiègent les guichets et la foule suit. Les moutons de Panurge ne sont pas tous noyés.

Jadis la femme torpille communiquait le petit frisson, la belle Fathma faisait danser son ventre. On montrait la vache à deux têtes, le mouton à cinq jambes et des sirènes à queue de poisson. La femme colosse était peinte, à l'entrée de la baraque, en habit de cour, le corsage abondamment ouvert et une couronne sur la tête. A l'intérieur, elle relevait sa jupe pour montrer sa cuisse gélatineuse, gonflée, énorme comme le ventre d'un obèse. Avec un sourire, elle invitait le « beau militaire » à se rendre compte, au toucher, que c'était bien de la chair graisseuse et non duperie.

Ces curiosités tendent à disparaître, la vogue est usée. Mais une « attraction » se moque du temps et de la mode. De nos jours, les courses de taureaux ont remplacé les jeux du cirque, du moins aux arènes. Sous des tentes, la ménagerie procure les émotions des combats entre les belluaires et les fauves. Il n'y a pas de belle foire sans ménagerie. Le dompteur se tient debout sur le tréteau tout le temps que dure la parade. C'est le grand premier rôle à qui les animaux donnent la réplique. Son buste est moulé dans une veste à brandebourgs, il est chaussé de bottes vernies, et dans sa main il tient une cravache. Pendant la représentation, il entre dans la cage aux lions armé d'un fouet à chiens. Au moment pathétique, jetant son arme, il s'avance les mains libres vers le fauve, lui ouvre la gueule et introduit sa tête dedans.

La supériorité de l'homme sur les animaux est incontestable à la foire. En outre qu'il dompte les tigres, il fait danser les éléphants, jongler les phoques et il attelle les puces à des carrosses.

La caractéristique de la fête foraine c'est le mouvement giratoire. Dès que l'on y met les pieds, on est pris dans un remous, une multitude d'appareils favorisent le voyage sur place. La vogue des manèges sera éternelle, il en est pour les tout petits qui chevauchent des cygnes, des lions, des chèvres.

Les amoureux affectionnent les gondoles, qui naturellement tournent, en plus elles sautent la vague, roulent, tanguent, et sur une mauvaise digestion donnent l'angoisse du mal de mer. Tout cela est fort amusant. L'orgue joue « Sancta Lucia », on se croirait à Naples. Si le Vésuve manque, il y a, pour donner l'illusion, la fumée de la machine à vapeur qui anime le gigantesque tourniquet.

L'escarpolette perfectionnée affecte la forme d'une nacelle maintenue par des tringles rigides. Un couple, debout, lance l'appareil. Les mouvements de va-et-vient qui agitent alors les partenaires bravent la pudeur. C'est le tango

en balançoire. Les curieux observent ces ébats avec un intérêt particulier.

Le jeu du toboggan procure le plaisir de se promener sur son
derrière. On se lance, à la queue-leu-leu, de la hauteur d'un troisième
étage, sur une piste en spirale. La descente est vertigineuse et lors-

qu'on arrive en bas, pêle-mêle, les femmes, les jambes en l'air, montrent joyeusement leurs mollets.

Les derniers venus sont les aéroplanes. Emportés dans leur vol circulaire, les aviateurs d'occasion dominent la foule de tout leur orgueil. Suspendus dans l'espace, ils sont les maîtres de l'air et lorsqu'ils crachent, la pluie tombe sur les badauds.

Les bilieux acariâtres et moroses, fuient la foire. On les y bouscule, on trépigne leurs pieds, le bruit des musiques les agace, la gaieté les irrite. Ils laissent la place aux bons vivants qui s'amusent de rien et de tout, qui abattent des lapins à coups de carabine, font passer des boules dans des trous, coiffent les goulots des bouteilles avec des anneaux de bois et prennent du plaisir comme les enfants à mâcher des chiques de sucre cuit. La foire anime la vie. Le rire est le propre de l'homme, a dit Rabelais.

PLACE DE LA CONCORDE

La place de la Concorde est visitée par des personnages qui travaillent en plein air. Ils n'ont pas d'heure fixe ni de jour, inutile de compter sur eux, ce sont des travailleurs conscients et libres de suivre leur fantaisie. Ils ont pour patron leur bon vouloir et un peu le client, puisqu'il faut que quelqu'un paye.

Le rémouleur veut amincir les lames d'acier à rendre le tranchant invisible, c'est pourquoi debout contre son chariot, il tire un feu d'artifice d'étincelles, de la roue qui tourne au commandement de son pied.

Entouré de casseroles, « l'estamarol » fait cuire dans une poêle de l'argent, ou un métal qui paraît en être. Il remue le liquide miroitant, avec une cuiller plate, et les ménagères, en attendant d'être servies, considèrent avec intérêt cette cuisine bizarre.

Au bout de la rue un mendiant boiteux, gras comme un porc de concours, assis le dos appuyé contre un mur, fume pendant toute la journée. Autour de lui, il a semé ses mégots. Les jeunes femmes, en rupture d'amour, le considèrent comme un porte veine et en passant sèment des sous aussi, parmi les mégots. La place est bonne, les mendigots se la disputent. Un jour un jaloux écrivit sur le mur, au-dessus de la place qu'ils affectionnaient, cette phrase lapidaire : — « *Ne donnez pas à ces mandian c'est tout des faignans.* » Les fainéants effacèrent l'inscription.

Le rebouteur de parapluies a établi sa boutique contre la façade d'une maison. Les manches appuyés au mur, laissent tomber les couronnes d'acier, d'où des lambeaux de soie noire pendent, lamentables. C'est un homme adroit, il sait également rajuster les pots cassés à l'aide de plâtre et de petits bouts de fil de fer. Mais il est ivrogne. Dès

qu'il a ramassé quelques sous, il va les boire, en face, chez le mastro-
quet. Ensuite il revient auprès de ses parapluies se coucher au soleil et
cuver l'eau-de-vie. Il dort, tranquille comme un petit enfant, et sans
s'éveiller il soulage sa vessie dans ses chausses. L'étranger avait raison
de dire que Toulouse est une ville moyenâgeuse.

Les musiciens visitent la place. Un joueur d'orgue de Barbarie,
tournant sa manivelle, fait entendre, dans un accord, une multitude
d'instruments. Mais il faut payer son plaisir, et des enfants dressés
guettent les passants pour avoir des sous, le plus possible. De temps
à autre, une troupe d'artistes donne un concert. Elle se compose d'un
chanteur suivi de son orchestre : un harpiste et un flûtiste. Ensemble
ils révèlent les nouvelles chansons, les grands succès, « Madelon,
Phi-Phi, le Pélican » et vendent un livret qui contient les paroles.

L'audition est gratuite, mais il faut savoir retenir les airs, la musique n'est pas marquée sur le papier.

La place a ses pourvoyeurs. Une femme la traverse, tenant à la main un panier rempli de victuailles : dinde, saucissons, fruits, le tout surmonté d'un énorme gâteau. C'est la loterie qui se rend à domicile. Elle se tire au centre de la place, d'où la tenancière annonce à grands cris : « Baou tira! Baou tira! » Elle tient à la main un petit sac rempli de boules de loto. Un passant est prié de tirer au sort, ce à quoi il obéit bénévolement. Le numéro gagnant est extrait sous l'œil intéressé des ménagères, apparues au seuil des portes et aux fenêtres. Le numéro gagnant est proclamé fort et distinctement. Il est répété à plusieurs reprises. Si personne n'appelle, si le pas des portes se vide, si les fenêtres se referment, la femme au panier saura trouver ailleurs le gagnant.

La vendeuse de crême de riz habillée de blanc, comme une infirmière, parcourt la place pendant l'été avec une cruche au bout de chaque bras. Le marchand de lait caillé tient en équilibre sur sa tête une corbeille dont les joncs débordent. Il crie : « Juncados! Juncados! », et tout le monde comprend fort bien qu'il vend du fromage frais.

Le kiosque à journaux, qui occupait le centre de la place, a été depuis peu remplacé par une fontaine monumentale ornée de sujets divers. Autour du bassin, des tortues se dressent en équilibre sur leur queue pour rendre l'eau convenablement, des grenouilles énormes, plus grosses que les plus énormes crapauds, regardent étonnées ces animaux exotiques.

Sculptés en bas-relief dans le marbre d'une colonne, des enfants naissent parmi les fleurs. Le sommet est occupé par une femme qui courbe la tête sous le poids d'un lourd bonnet. Mais on a un doute. Peut-être est-elle simplement coquette. Elle doit se savoir jolie et toute jeune, puisqu'elle a revêtu une robe faite d'une étoffe si fine, que l'on devine le corps sous les plis. Si elle se penche, c'est pour se mirer dans l'eau, parmi les papiers et les boîtes de fer battu, jouets d'enfants, éphémères bateaux naufragés au fond de la vasque.

MUSÉE DES AUGUSTINS

CLOITRE ET SALLE CAPITULAIRE

Dans leur monastère de Toulouse, les moines noirs, ermites de saint Augustin, ne méditent plus sur la cité de Dieu, les lettres et les confessions du plus célèbre des pères de l'Église. Ils durent fuir au moment de la Révolution. Après leur départ, afin d'utiliser le couvent, on le démolit en partie. Mais le cloître fut conservé, dont on a fait un reliquaire, où repose l'âme des vieilles pierres. Les siècles défunts parlent. Pour comprendre leur langage, il faut observer longuement, attentivement, à la loupe. Les saints, debout sur les piédestaux, les chevaliers étendus sur les pierres tombales, se confessent seulement à ceux qui les aiment. Depuis que le couvent est devenu un Musée, le cloître a pris l'aspect d'une cour mauresque, d'un patio espagnol.

Les fines arcatures de ses arceaux forment une bordure au jardin planté au centre. Une glycine centenaire court parmi les ogives, les enlace de ses lianes qu'avril fleurit d'une délicate parure mauve. Un tombeau, coiffé d'un chaperon de lierre, s'est, parmi les arbres, transformé en fontaine.

Sous le préau, le long des murs, sont rangés des sarcophages, des pierres tombales, décorés de fleurs et de personnages. Au milieu de la galerie, des gargouilles sont plantées en rang de quilles. Les animaux fantastiques, assis sur leur derrière, la tête dressée vers le ciel, et la gueule ouverte, semblent, avec des contorsions grotesques, demander à boire l'eau qu'ils ont si longtemps dédaignée et crachée.

Les Saints et les Apôtres sont les demi-dieux du christianisme. Le Moyen âge a voulu les représenter en beauté. Dans le préau, des statues de pierre, provenant de la chapelle de Rieux, les montrent recueillis, onctueux dans leurs gestes. Ils sont nimbés, possesseurs de longues barbes frisées au petit fer et dont les tresses descendent, sur leur poitrine, en formant des volutes gracieuses.

D'autres statues de terre cuite sont d'un réalisme troublant. Elles forment deux couples ; l'un représente un seigneur et sa dame, l'autre un homme et une femme du peuple. Les personnages sont massifs, ils ont des visages grimaçants et vulgaires, les bouches, entr'ouvertes, laissent voir les dents et les langues. Le sourire des cadavres creuse le coin des lèvres. Habillés selon la mode du XVIe siècle, l'artiste qui les exécuta n'a négligé aucun détail de leur costume. Il semble s'être appliqué à reproduire les modèles aussi exactement que possible. Pour faciliter l'illusion, il en a fait des figures polychromes. Les yeux sont allongés; afin de les rendre plus vivants, il en a peint les pupilles. Les barbes sont courtes, roides, semblables à des épines de hérisson.

Ces personnages, la bouche ouverte, se lamentent, sans doute, autour du corps du Christ. Une tête de femme, les traits contractés, les yeux fixes, semblable à une sorcière, veut, peut-être, exprimer la douleur. L'intention du naïf modeleur de terre a-t-elle été trahie par l'exécution? Les personnages sont amputés, ou presque, des bras. C'est regrettable, les gestes auraient pu nous fournir, sur la probabilité du sujet représenté, des indications plus précises que l'expression des visages.

Ce sujet, de « la Lamentation », a été souvent traité au xve et au xvie siècles, dans l'Italie septentrionale. Niccolo da Bari représente les personnages qui entourent, en se lamentant, le corps du Christ, lourds de forme, massifs, courts; les visages n'expriment pas la douleur, mais grimacent. Ce sont des hurlements, plutôt que des plaintes, qui sortent de la bouche, grande ouverte, des contemplateurs affligés.

Les statues et chapiteaux qui décoraient le cloître de Saint-Étienne sont exposés dans la chapelle capitulaire. Le chevalier Du Mège prit beaucoup de peine à les sauver. Au xviiie siècle le goût était raffiné à l'extrême et ces figures naïves semblaient hideuses, bonnes, tout au

plus, à servir de moellons à bâtir. Elles sont très précieuses. Par elles,
nous assistons à la première manifestation de la sculpture chrétienne
en France. On y retrouve une influence très nette de l'art byzantin.
L'imagier n'a vu que le but et ces réalisations sculpturales dépassent
le modèle, l'idée franchit la matière. Ce sont les filles lointaines de

l'art hiératique égyptien. Où donc les Imagiers du xiiᵉ siècle auraient-
ils rencontré des personnages vêtus de telle sorte que les corps se
révèlent sous les plis, innombrables, de l'étoffe transparente ? Le climat
du Languedoc n'a jamais permis des vêtements aussi légers. Et
pourquoi ces bras désarticulés, ces jambes croisées dans des attitudes
que l'équilibre est difficile à maintenir ? Les dieux des Hindous affec-

tionnent cette position, qui est souvent reproduite dans les bas-reliefs de leurs temples, mais les personnages sont généralement assis. Dans leurs danses sacrées, les danseuses du Cambodge ont des mouvements

traditionnels de jambes croisées et de bras pliés à angle droit. Il est possible que ces attitudes des statues médiévales aient eu leur point de départ en Asie. Néanmoins, on ne doit pas oublier que le symbole est le sceau du Moyen âge. Les Imagiers trouvaient les formes les plus diverses, les moyens les plus imprévus, pour inscrire le signe de la croix.

Un bas-relief, en marbre, nous apprend, par son inscription, qu'il représente les signes du Lion et du Bélier.

Bertrandi a cité un passage de saint Jérôme, relatant qu'un prodige, énigmatique, survint au temps de Jules César. Alors deux femmes mirent au monde, simultanément, à Rome et à Toulouse, l'une un lion, l'autre un agneau, ce qui prédisait la naissance du Christ, sa force et sa douceur. L'imagier a représenté les deux femmes assises, les jambes croisées, elles tiennent contre leur poitrine les animaux symboliques. Chacune a un pied chaussé, l'autre est découvert. L'Ignorance voile encore le monde, mais déjà l'Hérésie terrassée, grimace sous le pied, nu, de la Vérité.

Ces figures sont certainement de la même école que les saints du cloître de Saint-Étienne. Elles doivent être postérieures, la technique est plus savante. Elles sont drapées plutôt qu'habillées, les bras, presque nus, sont ornés de bijoux, les têtes sont longues, les corps également ; les pieds, les mains sont supérieurement modelés.

Avec les chapiteaux de la Dalbade, la sculpture toulousaine a définitivement rompu avec la tradition des écoles d'Orient. Les maîtres tailleurs de pierre s'efforcent de reproduire plus fidèlement la forme, les personnages deviennent humains, ils perdent leur sveltesse démesurée, les costumes de l'époque sont fidèlement reproduits, les attitudes sont simples et naturelles. Les fleurs, les animaux qui ornent les tailloirs, sont d'une variété, d'une fantaisie, d'une telle liberté d'interprétation, que souvent on a de la peine à identifier le motif. On ne retrouve plus l'influence de l'art byzantin, et l'on pressent la Renaissance.

SALLE

DES

ANTIQUITÉS ROMAINES

Les sculptures qui proviennent des fouilles de la région toulousaine occupent la grande salle des Antiquités. Les maîtres tailleurs de pierre qui ont sculpté les bas-reliefs du cloître de la Dalbade, n'ont certainement pas connu les marbres romains retrouvés dans la vallée de la Garonne. La villa de Martres Tolosane était ornée de bas-reliefs. Les douze travaux d'Hercule ont fourni le sujet de la décoration, où la forme est serrée de très près. C'est la technique des Grecs alourdie. Hercule ressemble à un athlète muselé à souhait. En général les marbres sont mutilés et se présentent sous l'aspect de fragments. Quelques figures de dieux lares, des amours, des bustes d'empereur sont complets et sans replâtrages. L'école romaine était traditionaliste. Les ouvriers d'art avaient des modèles, des poncifs, qu'ils reproduisaient, sinon identiques, du moins avec de légères variantes.

On a la surprise de découvrir parmi les productions de cette
époque une singulière tête de femme. Cette tête est asymétrique,
bizarre, brutale. La chevelure lourde, de travers, tombe d'un côté et
paraît être maintenue par une étoffe en forme de turban. L'œuvre n'est
pas identifiée, il est permis de supposer qu'un tailleur de pierre
aquitain a reproduit le visage d'une patricienne romaine en résidence
dans la Gaule occidentale. C'est une œuvre qui pourrait figurer au
Salon d'automne. Encore novice, le sculpteur primitif a dû s'arrêter
avant d'avoir atteint le but. Les sculpteurs d'arrière-saison, gonflés
comme des pantins de baudruche, se lancent en avant, le dépassent et
crèvent. Les extrêmes se touchent.

LE PETIT CLOITRE

Les religieux auraient-ils eu le pressentiment que leur monastère deviendrait un Musée? A côté du cloître ogival ils en ont, à l'époque de la Renaissance, édifié un autre plus petit, qui abrite de nos jours les productions diverses de la sculpture régionale. Au centre, une statue d'Artémis surmonte la vasque d'une fontaine. La déesse est vêtue du court chiton qui s'arrête à mi-cuisse pour ne pas gêner sa course. Elle tient son arc à la main ; le carquois est suspendu sur son dos, comme un havresac.

Deux marbres de Falguière exposés dans la grande salle de peinture traitent du même sujet. Le premier représente Diane dédaigneuse et cruelle. Surprise au bain par Actéon, la déesse des vierges, sans prendre le temps de se vêtir, a poursuivi le trop curieux jeune homme qui détala, comme un cerf devant les chiens. Ce fut en vain, on

n'échappe pas à la colère d'Ecate. Une flèche l'abat et sans pitié la déesse assiste à la curée. Le second marbre représente la chasseresse poursuivant le gibier dans la forêt, où, sûre de la précision de son tir, elle lance ses flèches sans interrompre sa course. L'attitude est hardie, mais donne-t-elle vraiment l'impression de courir? C'est plûtot la pose d'une danseuse qui, dressée sur une jambe, lève l'autre en arrière, très haut. Elle est absolument nue et de formes rebondies. C'est une Diane sensuelle.

LA GRANDE SALLE

L'ancienne église du couvent est réservée à l'École Toulousaine. La peinture, la sculpture, les genres, les époques y sont mélangés, comme les condiments d'une salade russe. Les statues s'allongent sur trois rangs au milieu de la salle. Pour observer les tableaux, il faut choisir son point de vue à travers les modèles en plâtre. L'effet d'ensemble déroute le visiteur. La peinture des vieux maîtres s'assombrit a côté du blanc crayeux où se complaît l'école moderne. Le pape Urbain II, par Rivals, voisine avec l'encombrante estampe d'Henri Martin : « La Fédération ».

Les rares tableaux qui présentent un intérêt régionaliste disparaissent parmi les sujets religieux, venus des églises, et les Illustrations mythologiques, historiques, ou autres, exécutées, de nos jours, pour le Salon parisien.

Parmi les premiers tableaux représentant une scène relative à Toulouse, on remarque celui de Chalette. Le Christ, torturé sur la croix, meurt dans un ciel orageux. Autour de lui les Capitouls siègent à la table des délibérations. Les têtes sont vivantes, expressives, et il ne faut pas s'étonner si ceux qui présidaient, alors, à l'administration de la ville, ont préféré l'étranger venu de Troyes, aux barbouilleurs locaux, qui s'essayaient au portrait.

Les quatre fonctions du Capitoulat toulousain. Sur ce sujet, ingrat, Boulvène a peint un tableau décoratif et si l'on veut allégorique. On n'y retrouve pas le sens du décor opulent, la lumière dorée, le mouvement, le geste amplifié, grandiloquent, qui sont, à la fin du xvie siècle, le propre de l'école italienne, représentée par les Carrache et leurs élèves, bâtards de Raphaël. Sa composition est sobre, plutôt à la manière des primitifs.

Quatre femmes sont rangées en demi-cercle, chacune avec ses attributs. Elles sont vêtues du costume en usage vers 1590, mais transformé au goût de l'artiste.

La Justice municipale tient, comme au port d'arme, une longue épée, la pointe dirigée vers le ciel. La jambe droite sort, nue, de la robe largement échancrée.

La Direction des travaux publics est une vieille femme, pleine d'expérience.

L'Administration des Hôpitaux tient, entre ses mains, les modèles des édifices où les malades souffrent avec l'espoir de guérir.

La Police des Métiers se reconnaît à l'équerre et au compas indispensables à ses fonctions. C'est la dernière venue, elle est jeune, avenante et coquette, comme le prouve sa toilette. Ses cheveux sont peignés soigneusement, la jupe, aux plis innombrables, termine un corselet bleu, très ouvert, laissant jaillir les seins, pour leur agrément et pour le plaisir du peintre, sans doute.

L'apothicaire des Cordeliers pilant ses drogues fut peint par Rivals. Le catalogue du Musée nous renseigne sur la genèse de ce tableau. Lorsque Antoine Rivals travaillait dans l'église des Cordeliers, l'apothicaire du couvent venait lui rendre visite. Il admirait le travail du peintre et lui disait : — « Monsieur Rivals, quand faites-vous mon portrait ? » — « Bientôt », répondait le peintre, sans grande envie de le satisfaire. Cependant, fatigué par les sollicitations sans cesse renouvelées, et pour se débarrasser du quémandeur, il s'exécuta. En quelques séances, sur un panneau de porte, il représenta le garçon apothicaire.

L'homme est petit, malingre, des deux mains il tient un pilon, aussi haut que lui, avec quoi il pile ses drogues dans un mortier posé sur un billot. Il est vêtu misérablement, son visage souffreteux inspire la pitié. Sans le vouloir, peut-être, et par la sincérité de l'observation, le peintre a mis devant nos yeux la tristesse résignée des pauvres gens du xviiie siècle.

Gamelin se divertit dans un cabaret. Tout à trac, il peint une scène réaliste et place en évidence, au premier plan, un geste que les Flamands, dans leurs tableaux de kermesse, dissimulaient au coin des toiles. La réalisation de ce sujet dut amuser énormément le peintre. Le malade est livide ; le bonnet de laine de travers, la main sur le cœur, il est grotesque. Il y a dans ce tableau de la bonne humeur, de la bonhomie et ce que nos ancêtres appelaient : l'esprit gaulois.

En dehors de Soulié qui observa et dessina Toulouse sous tous ses aspects, mais dont aucune œuvre ne se trouve au Musée, puisqu'il eut le tort de ne pas être académique, Roques est le peintre du xixᵉ siècle qui fut le plus intéressé par sa ville natale. Les galeries des Augustins possèdent de lui deux importantes toiles qui le prouvent.

La Communion du duc d'Angoulême lui fournit l'occasion de peindre l'intérieur de l'église Saint-Étienne, en particulier le chœur, les grilles d'Ortet et les vitraux qui regardent le sud.

Dans le second tableau, il nous laisse le souvenir des jeux nautiques sur la Garonne, en l'honneur de Napoléon Iᵉʳ de passage à Toulouse. Au bout d'un mât horizontal, placé à l'avant d'une barque, est un rameau que les athlètes doivent cueillir en gardant l'équilibre, comme des danseurs sur la corde raide. Le bois est huilé, glissant, le but n'a pas encore été atteint et de nombreux concurrents, tombés dans l'eau, attestent de la difficulté du jeu. Sur la barque d'honneur, l'Impératrice Joséphine est assise. Napoléon se tient debout au bord de la barque, à sa gauche est M. de Bellegarde, maire de Toulouse. Tout autour, d'autres bateaux sont réservés aux personnages de marque. Sur la berge, des fusiliers attendent l'arme au bras, avec, derrière eux,

un colonel de la garde à cheval. Le peuple
garnit le pont, où, à l'entrée, s'élèvent les
tours de la porte monumentale démolie
en 1867.

Avec les inondés de Tounis, par Villemsens, nous assistons aux débordements
de la Garonne. L'île de Tounis est inon-
dée. Dans une barque, un bourgeois ro-
mantique, tête nue, les cheveux embrous-
saillés par le vent, donne des ordres à un marinier. Il désigne pour le
sauvetage, une femme et son enfant, dévêtus, couchés parmi les décombres d'une maison envahie par l'eau. La mère hébétée, folle, sans
voir, sans entendre les sauveteurs, regarde l'invisible de ses yeux
agrandis.

La Garonne a donc fourni à deux peintres des sujets de tableaux.
Avec Roques, elle nous convie aux réjouissances, avec Villemsens,
c'est la pourvoyeuse de la mort.

Courbet a peint les Demoiselles des bords de la Seine. Faute de
renseignements plus précis, on pourrait donner pour titre au tableau
de Dominique Baron : « Les Dames des bords de la Garonne ». Le
peintre y fait revivre l'élégance du IIe Empire. Les larges crinolines
cachent, pudiquement, les jambes de trois femmes, trois dames de
bonne compagnie, en grande toilette, qui brodent et babillent. Leurs
enfants, tout petits, jouent au bord de l'eau. Une lumière gris argenté
éclaire le tableau. Les attitudes naturelles et d'une parfaite distinction
des femmes, la qualité des tons verts, bleus et roses, la touche large,

et cependant délicate sans mièvrerie, classent ce tableau parmi les meilleurs du peintre. C'est l'œuvre subtile d'un petit maître.

Un grand tableau de Destrem mérite une attention spéciale. Autour de l'église, des chevaux, des bœufs, des canards des poulets, tous les animaux apprivoisés de la ferme sont réunis. Un prêtre donne la bénédiction aux bêtes fleuries et aux gens. Les femmes la reçoivent à genoux, les hommes s'inclinent, baissant la tête. Le tableau est plein de simplicité et de naturel, c'est vraiment une assemblée de paysans et non des modèles habillés en villageois. La Saint-Roch! Une vieille coutume près de disparaître et dont Destrem donne une vision magistrale. C'est l'image du paysan languedocien demandant la sauvegarde pour les animaux qui le nourrissent et qui l'aident à accomplir sa dure besogne. Les temples romains étaient des abattoirs où l'on égorgeait les victimes offertes aux dieux. Les fleurs étaient souillées de sang et les caillots pourris répandaient une odeur nauséabonde. Saint Roch ne tue pas les animaux, il les protège, le prêtre les bénit, l'eau lustrale tombe sur les fleurs et l'encens vole dans un nuage.

Cette toile est placée très haut, l'observation en est difficile, mais en face, sur la cimaise, un homme nu, Hercule, poursuit une première communiante.

Quelques portraits se signalent par la qualité des personnages représentés.

Nicolas de Troy nous a conservé les traits de Peïre Goudelin. Le visage est rond, jovial, les yeux vifs; le poète ne renie pas son sang languedocien, ni son origine populaire. Dédaignant la langue d'oïl, n'imitant ni Clément Marot ni Du Bartas, il voulut, uniquement,

chanter pour ses compatriotes d'Aquitaine, en langue d'oc. Et il a cueilli des fleurettes, un peu partout, afin de les rassembler dans le « Ramelet Mundi ».

Jean-Pierre Rivals s'est portraicturé le crayon à la main.

Le même a représenté dame Clémence Isaure, sous l'aspect d'une belle femme couchée, à qui des amours font entendre de la musique. Elle tient dans sa main gauche une fleur, afin de ne permettre à personne de douter qu'il s'agit bien de la protectrice des poètes occitans. Mais ce tableau n'est plus au Musée.

De Roques, une vieille femme aux traits accusés, aux pommettes saillantes, qui pointent les joues au coin des yeux. C'est le type de la femme languedocienne, qui s'est conservé pendant tout le xixe siècle. Elle a revêtu ses vêtements du dimanche. Sa coiffe blanche, de paysanne, est en partie cachée par un fichu dont l'étoffe est piquée de pois rouges. Vêtue d'une robe brune, elle tient ses mains croisées sur ses genoux ; le panier aux provisions est sur une table à côté d'elle. Elle est nette, propre, soignée, la vieille femme du peuple, qu'une tache sur ses vêtements eût fait rougir de honte. Comme ses pareilles, elle mettait son orgueil à empiler des monceaux de linge dans les armoires et passait sa vie à coudre, filer, tricoter, rapiécer, travail des femmes, et à cuisiner. Elle savait à merveille confectionner les daubes, qui mijotent tout le jour dans « l'oule », les « estouféts » qui cuisent à petit feu dans la casserole, et les crêpes, qu'un tournemain retourne en nappe ronde dans la poêle. Cuisinière experte, elle savait rouler dans le beurre la pâte des croustades, croustillantes, façonner les « curbéléts » ronds, les oreillettes qui se boursouflent et gonflent dans la graisse leurs cornes multiples ; tous honnêtes gâteaux, parfumés à la fleur d'oranger, saupoudrés de sucre, friandises pour la joie des estomacs vigoureux, mais qui étouffent, sous leur poids, les dyspepsiques au teint jaune. Le peintre Roques a reproduit, avec amour, les traits de sa bonne mère. C'est une très belle œuvre, où la sûreté du dessin, le naturel, la fine observation nous prouvent qu'il fut digne d'être le premier maître d'Ingres. On peut placer ce portrait, sans qu'il en soit amoindri, à côté de n'importe lequel des maîtres flamands.

J. Granié a voulu faire un tableau anecdotique dans le goût de l'*Accordée du village* ou de la *Malédiction paternelle*, et il a choisi un sujet où il a pu se représenter soi-même. L'auteur était alors un tout jeune homme à peine sorti de l'École des Beaux-Arts. Il a très consciencieusement reproduit la salle principale de « l'oustal » d'un paysan languedocien. Tout y est : la cheminée noircie par la fumée avec, sur un montant, le « calél » de zinc ; le lit, à l'ange, et ses rideaux dont les fils tramés forment un damier bleu et blanc ; le bénitier est au chevet ; la table est encore servie. Au surplus il en a fait son atelier. Il dessine le portrait d'une fillette à qui sa grand'mère fait prendre la pose ; la mère, courte et grosse, un poing sur la hanche, paraît approuver. On est en été, elle a enlevé sa camisole et se trouve « en bras de chemise ». Un ami guêtré, la cigarette aux doigts, admire le travail du dessinateur.

Filouse était un humoriste, il égayait la rue de ses lazzi, vendait des chansons et des boîtes d'allumettes. Les jours de pluie il pêchait la sardine, dans les flaques d'eau, place du Capitole. L'histoire ne dit pas si, le soir, il mangeait son poisson dessalé. De Lagger l'a peint jovial, rasé, sauf une petite barbiche, qu'il conservait afin de prouver son attachement pour l'Empereur. Il usait du monocle, non par besoin, mais comme un dandy, par snobisme.

On a toujours aimé à Toulouse les pince-sans-rire. Un peu plus tard, l'étudiant Goguillot se fit couronner rosier. Place Belfort une estrade fut dressée, où le jeune homme vint recevoir son prix de vertu. Lorsque, parmi les acclamations, le président de la fête posa, avec onction, sur le crâne du lauréat une couronne de foin, la fanfare du quartier joua le « *Kroumir en goguette* », marche dont le rosier était l'auteur. Le soir la fête continua et vers une heure du matin, rue des Chalets, les bourgeois endormis furent réveillés par des bombes qui éclataient tout près d'eux. On était au temps des attentats anarchistes, sous Carnot, et les paisibles citoyens furent terrorisés. A travers les persiennes, ils aperçurent des lueurs d'incendie. Les plus hardis entr'ouvrirent les fenêtres. Des feux de bengale rouges, allumés sur les trottoirs, éclairaient des ombres qui s'enfuyaient. On fit une enquête, mais la police ne découvrit rien.

Audibert était un poète qui récitait ses vers dans les cafés. Les étudiants lui offraient à boire et le décoraient. Sa redingote était constellée de décorations. Lorsque la place vint à manquer, il en utilisa les revers, puis ce fut le tour du gilet, il en portait jusque dans le dos, ce qui lui faisait une cotte de mailles. On le rencontrait, dans les rues, se promenant avec tous ces insignes dont il était fier. A toujours boire et ne pas manger, il mourut jeune. Moins heureux que Filouse, il n'a pas trouvé son peintre.

TROIS ÉGLISES

SAINT SERNIN

La basilique Saint-Sernin a été réparée vers le milieu du xixe siècle,
ce qui fournit à Viollet le Duc, radoubeur officiel sous le IIe Empire,
l'occasion de défigurer en partie son aspect primitif. Heureusement la

façade ouest a échappé à son zèle. C'est une très vieille muraille rongée par la pluie. L'âge a déposé de l'or pâle sur les pierres et le soleil fait briller le rouge des briques, qui ont trouvé leur place parmi les cailloux. Les maîtres-maçonniers du xiiᵉ siècle, en commençant d'élever la façade, se sont montrés accommodants sur le choix des matériaux.

Le double portail s'ouvre très simple, encadré par des colonnes, dont les chapiteaux, seuls, sont sculptés. Il est surmonté d'une galerie, dominée elle-même par la rosace, qui pareille à l'œil d'un cyclope regarde dans l'église. Deux rangées de colonnes conduisent au chœur, elles montent, face à face, puis, très haut s'arrondissent et se rejoignent pour soutenir la voûte. A l'image de l'arc aux sept couleurs qui apparut dans le ciel comme un présage de délivrance, les arcs de pierre développent leurs lignes harmonieuses. Ils s'inclinent vers les fidèles, semblables à des bras ouverts pour les accueillir. Les courbes se succèdent, disciplinées comme des prières, elles forment, autour de l'église, des chapelles consacrées à la vierge, aux martyrs, aux saints.

Le chœur de l'église Saint-Sernin est décoré de fresques, exécutées, sans nul doute, par des artistes italiens.

Les premiers chrétiens continuent la tradition de la peinture murale romaine, mais ils remplacent les sujets païens, qui faisaient l'ornement des cimetières et des villas, par des scènes tirées de l'évangile.

Le Christ apparaît, pour la première fois, sur les murs des Catacombes, sous la figure d'un adolescent imberbe. Au xiiᵉ siècle, dans un grand nombre d'églises d'Italie, la fresque occupe, pauvrement,

la place réservée à la mosaïque dans les sanctuaires d'Orient. La décoration y perd en richesse, mais au xiiie siècle, des Imagiers de génie ont su donner aux figures une souplesse, une vie inconnue dans les hiératiques ornementations byzantines. La fresque prend alors un élan qui ne s'arrêtera qu'à Michel-Ange et à Raphaël.

La plus ancienne fresque de Saint-Sernin, le Christ de la coupole, est entouré des figures symboliques — le lion, l'aigle, le veau et l'homme. — Cette pratique de représenter les personnages avec leurs attributs est d'un usage constant, au Moyen âge, sans doute, à cause de l'insuffisance du dessin qui permettait rarement de reconnaître le sujet. L'attribut servait de légende.

Cette fresque est du xive siècle. Le peintre interprète encore le sujet selon la convention des mosaïstes byzantins, mais à cause du procédé différent, la décoration n'a plus la raideur ni l'éclat que donne le marbre. Les couleurs sont éteintes, les bruns, les ocres, les bleus assombris dominent, avivés par l'or. Le dessin est affirmé; l'extrême simplification donne à l'œuvre sa plénitude de puissance et d'harmonie.

Au milieu de la voûte de l'abside, au point suprême, au terme, en face de la grande nef et dominant le chœur, dominant les prêtres, les nobles et le peuple, le Christ, la main levée, montre le ciel où l'on entre par des prières. Il n'a pas la raideur hiératique des figures orientales, son geste est grandiose, selon la manière italienne.

La technique de cette fresque est la même que celle des fresques de saint François d'Assise et de sainte Cécile du Transtévère, lesquelles furent exécutées vers la fin du xiiie siècle, par Cimabué, Cavallini et leurs élèves.

D'autres fresques, représentant les premiers évêques de Toulouse, moins anciennes, probablement de la première partie du xvi⁵ siècle, ornent les murailles et les colonnes du chœur.

Dans la chapelle du Crucifix, une croix se découpe fantastique. C'est une masse sombre, avec quoi le Crucifié se confond. Derrière lui, jaillit la lumière fulgurante des vitraux. Le Christ est en bois, revêtu de métal doré, comme une châsse. On le dit byzantin, mais c'est un parent des bas-reliefs de marbre encastrés dans le mur extérieur de la crypte et qui certainement ne sont pas venus de Byzance.

Derrière le maître-autel, assis sur son trône, entouré des figures apocalyptiques, le Christ, en gloire, bénit. Ses yeux sont au niveau des yeux des visiteurs, qui, le plus souvent, passent devant lui sans le regarder : il les bénit quand même. Des anges et des apôtres, forment son escorte. De petites ouvertures par où on voit la crypte, séparent les bas-reliefs.

Un escalier fermé par une grille s'enfonce dans l'ombre. Vers le milieu de la descente, on rencontre les saints, gardiens de la demeure souterraine et protecteurs des reliques.

A la lueur des cierges qui brillent dans des candélabres à trois branches, l'émail et le vermeil ouvragé des châsses reluisent au fond des chapelles.

Tout autour l'ombre favorise le mystère, le silence agrandit le tombeau où les précieux souvenirs reposent dans la solitude.

Certains jours, le Jeudi-Saint, le dimanche de la Pentecôte, la grille est ouverte et la crypte s'anime, éclairée, illuminée comme un boudoir. Le mystère s'échappe, la lumière des lampes électriques révèle les détails, permet d'admirer les ornements. Les curieux visitent tous les coins, tournent autour des colonnes, si basses que de la main on peut atteindre les chapiteaux sculptés, ils suivent des yeux les feuilles de chêne mélangées avec celles de la vigne, qui courent autour des salles, montent au sommet de la voûte, où apparaissent les saints dans le ciel.

Le marché aux puces a lieu tous les dimanches autour de l'église Saint-Sernin. C'est le rendez-vous des chiffonniers qui étalent des fripes, des ferrailles, des lits, des tables et toute espèce de vieilleries. Le « peillarot » ne livre pas à domicile, l'acheteur doit emporter les meubles et les punaises ensemble. Quelques antiquaires rangent, par terre, leur bric à brac autour des grilles. C'est un bazar à bon marché, un incroyable mélange d'objets usagés, peut-être anciens, incontestablement sales et vieux. Parmi les porcelaines, les pendules, les armes, les clefs, les pentures de serrure, les plats d'étain, sont étalés des tableaux noircis, crevés, sans cadre. Le collectionneur affectionne les objets de rebut. Il ramasse les vieux clous, les boutons de carafe, les papiers à images, n'importe quoi de vétuste, ou qui le paraît. C'est d'un bon placement, une valeur recommandée aux malins qui ont le temps devant eux. On a découvert, paraît-il, dans le tas des dessins de Soulié, des lithographies de Mazolli, de Bresdin à des prix invraisemblables de bon marché. L'antiquaire offre, au prix fort, des gravures maculées, sans marge et peut-être authentiques. Le collectionneur et le chiffonnier sont de fins connaisseurs aujourd'hui et sûrs de leur science. Et puis! L'administration des Beaux-Arts a bien acquis la tiare de Saïtapharnès.

Le Vendredi-Saint, des bancs sont alignés pour un marché spécial. Les paysannes présentent, étalés sur des linges, les quartiers du porc qu'elles ont élevé, tendrement soigné et mis à point pour la graisse. On a le choix. A côté des lards et des jambons d'une savoureuse fraîcheur, elles ont placé les vieux, plus sombres, tannés, rancis à souhait, vers lesquels ira la ménagère économe. Les jambons de

marque, les jambons nobles, de Bayonne, de Najac, de Mérens voisinent avec les andouilles suspendues, en chapelet de gourmandise, le long d'une corde. Au-dessous, sur des linges, les saucissons sont rangés comme des soldats de couleur. Certains laissent voir, au moyen d'honnêtes incisions, leur chair rose, bien tassée, sans poches ni creux propices à la moisissure. Le contrôle est permis, le nez sera le grand juge. La marchandise ne craint rien de rien, elle se défend, seule, par son honnêteté, et la foule des acheteurs se presse, emplit paniers et corbeilles. A midi la vente cesse, le marché est fini.

LES JACOBINS

L'église des Jacobins est svelte comme doit l'être une femme
faite au goût du jour. Le clocher se tient près d'elle, noble, coiffé
d'une couronne fleuronnée. Une flèche le surmontait qui fut démolie

pendant la Révolution. M. Chalande, archéologue chasseur de documents, n'avance rien sans preuves. Il est certain, dit-il, que le clocher eut deux flèches. La première fut démolie peu de temps après sa construction, on ne sait pour quelle cause. Pendant la Révolution, pour satisfaire aux besoins de l'Égalité, une autre flèche fut également supprimée. Mais Viollet le Duc, architecte, affirme qu'aucune pointe n'a jamais surmonté le clocher. Les mathématiques s'y opposent.

Le clocher s'élève, octogonal, et les fenêtres, accouplées deux par deux, s'échelonnent sur quatre étages. Terminées en pointe, elles forment la mitre, selon l'usage du style ogival toulousain.

L'intérieur se compose de deux nefs séparées par des colonnes, si hautes, si légères, qu'elles semblent être suspendues à la voûte, comme de gigantesques lianes de pierre qui tombent et rejoignent le sol.

Le cloître est au nord de l'église. Il n'a plus que deux faces, celles qui manquent ont été démolies au moment de l'occupation militaire, lorsqu'on transforma le couvent en caserne et l'église en écurie. A la même époque, les chapelles latérales furent supprimées et les vitraux disparurent.

Mais si les moines ont beaucoup bâti, la constance ne fut jamais la qualité maîtresse des Vandales. Leur zèle se fatigua vite, ils abandonnèrent la besogne, laissant au temps le soin de l'achever. Celui-ci en bon serviteur fit son office, jusqu'au jour où l'on découvrit que le passé était un titre de noblesse dont on devait être fier. On décida de sauver les restes. Dans le cloître la toiture commençait à s'affaisser, des colonnes manquaient. Il fallait rétablir la solidité compromise,

boucher les places vides, sinon c'était la ruine totale. On compléta les tuiles sur les toits et à la place des jambes amputées on mit des béquilles. Le bois a remplacé la pierre.

Lorsque le petit Lycée fut transporté aux Jacobins, l'église retrouva sa destination première, mais le silence ne revint pas dans le cloître dont le recueillement fut troublé par les cris des écoliers et par leurs jeux. Cette cour, à moitié ruinée, a gardé son aspect sévère, elle est antipathique aux enfants et triste comme celle d'une prison. Le mur de l'église, nu, fermé — aucune porte ne l'ouvre — masque le soleil. L'ombre n'abandonne jamais la brique rongée à la base par le salpêtre. Le mur s'élève étayé par des contreforts, entre quoi montent les étroites fenêtres ogivales. Au sommet surgissent des gargouilles qui ricanent. Les monstres, la gueule  ouverte, se moquent des enfants captifs, mais ils sont placés si haut que les écoliers n'essayent pas de se venger d'eux à coups de pierre.

Le cloître se croyait à l'abri des mauvais jours. C'était de la présomption ; il connut de nouveau la torture. On en fut redevable cette fois à l'administration des Beaux-Arts qui pendant la guerre mit, aux

Jacobins, à l'abri des insatiables convoitises allemandes, les tableaux et les œuvres d'art trop exposés dans les Musées du Nord. Le ministère institua des gardiens. A veiller des caisses, le temps paraît long.

Leurs protecteurs regardant autour d'eux découvrirent les chapiteaux des colonnes, ce qui leur donna l'envie de devenir aussi des Imagiers. Alors ils crevèrent des yeux, ajoutèrent des moustaches aux figures. Il faut bien se distraire et le Français est plein d'esprit. Détruire et profaner sont des sports que l'on pratiquera toujours avec goût.

La nouveauté est d'un grand attrait. La mode séduit, elle s'impose au point d'être tyrannique. Lorsqu'elle exagère sa tyrannie elle devient néfaste. C'est le présent, c'est la vie qui passe en trombe; il faut rouler dans le tourbillon, mais pourquoi mépriser ce que nos pères ont aimé? La Révolution, en haine des prêtres, a mutilé un grand nombre de statues médiévales. Pour se mettre à la mode, les religieux se sont acharnés contre l'art gothique, barbare, à leur goût. Ils n'ont pas décapité les œuvres des primitifs, ils les ont enterrées lorsqu'ils eurent les moyens de les remplacer. Le résultat fut pire.

Un charme étrange se dégage des murs décrépits, des vieilles tours éventrées montrant leurs blessures béantes. L'attrait des ruines est un appel de la mort; leur beauté maladive nous attire. Les vieux monuments sont tristes comme un ciel crépusculaire, lorsque le soleil tombé, derrière l'horizon, n'éclaire plus que les nuages. Ils sont à bout de force, les pierres s'effritent, se détachent et tombent. C'est l'instant favorable à la curée. L'antiquaire est à l'affût, pour détrousser les mourants. Mais l'archéologue veille, il apparaît en sauveteur et crie au secours. Il consolide les pierres branlantes, recueille les débris et les met amoureusement en conserve. Il pose des plaques, fait des fiches. Pour lui, les vestiges du passé sont des reliques, sur quoi l'on doit veiller jalousement. C'est un apostolat. Par sa ténacité, les œuvres d'art sont respectées, maintenues à leur place primitive, il empêche les commerçants de les débiter en petits morceaux. Il a sauvé la vache d'Alan qui paît sur son portail depuis des siècles. On voulait dépayser la vache gasconne en l'achetant comme un vulgaire bétail. Elle serait partie pour l'Amérique, sans doute, où les coiffures de plumes des Peaux-Rouges ne suffisent pas à garnir les Musées. Mais la volonté tenace de l'archéologue l'a conservée pour son pays.

FG.

SAINT-ÉTIENNE

La construction de l'église Saint-Étienne reflète l'humeur inconstante de l'homme, comme lui elle est inégale et capricieuse. On commence comme on peut, on finit de même, selon l'occasion, les besoins et les moyens. Si la valeur architecturale de l'église est en rapport avec le temps que l'on mit à la construire, son prix est inestimable. Commencée en 1078, on travaille maintenant à la démolir.

Le clocher s'élève par côté, au nord de la nef du xiiie siècle, ce qui donne à la façade principale l'aspect d'une gigantesque pipe rouge.

La fantaisie s'est donné carrière à l'intérieur de l'église comme au dehors. On a retranché, ajouté, au petit bonheur. On a modifié en conservant, c'est la méthode du pis aller. On cherchera en vain l'ordonnance symétrique. Sans s'arrêter à contrefaire, chaque siècle s'est manifesté selon ses goûts et a signé avec la date, exactement. Par cela l'église est capricieuse, elle s'écarte de la bonne route, prend des chemins détournés et se perd, fatiguée, avant la fin du voyage. C'est une aïeule, à la fois opulente et pauvre, vêtue d'accoutrements disparates, portant des haillons et parée de bijoux. Malgré ses imperfections elle plaît, on l'observe avec curiosité, elle a le charme de l'imprévu.

Dans la vieille nef, sont rangés des tableaux, les uns contre les autres. Ils cachent, en partie, un mur lépreux, où le badigeon crevé laisse voir les briques. Les tableaux sont disposés, non pour concourir à l'ornement de l'édifice, mais plutôt comme dans un Musée, pour produire leur effet personnel, si on peut dire.

Le tableau de Pader, *le triomphe de Joseph*, a les qualités et les défauts de l'église elle-même. Il est singulièrement désordonné, prétentieux, naïf et savant. Dans un char traîné par des chevaux blancs, empanachés, lui, Pader, en empereur romain, représentant Joseph, se tient assis sur un trône. Il dut se faire ressemblant, il est barbu, moustachu et sur ses longs cheveux noirs, il a posé une couronne de roses. On découvre des détails savoureux. Un Turc soufflant dans un cor de chasse et une femme nue, couchée noblement, qui tend des fleurs à Joseph en témoignage de son admiration passionnée.

Lorsque l'ancienne nef s'arrête devant le pilier de Jean d'Orléans, on fait un crochet pour se trouver en face du chœur, ogival, qui eut l'ambition de vouloir égaler celui de Notre-Dame d'Amiens. Mais les plagiaires manquent de moyens, on le vit encore une fois. L'argent aussi fit défaut et de simples charpentes soutinrent la toiture. Elles brûlèrent en 1609. Pour réparer le désastre, on voûta le chœur en trois ans. L'autel fut ensuite isolé par des grilles dans quoi les prêtres s'encagent. Le ferronnier Ortet les forgea. Il sut leur donner, avec un dessin très pur, l'élégance raffinée du xviiie siècle.

Les vitraux, très anciens, de la chapelle de la Consolation montent comme de hautes épingles, serties de pierres précieuses, qui brillent autour du Christ en croix. Ils sont anonymes. Ceux du xivᵉ siècle ont agrandi les personnages et donné toute l'importance aux figures. Les donateurs sont représentés au-dessous de leur patron saint Martial. Au xixᵉ siècle les vitraux sont signés, le nom de l'auteur est inscrit et celui du donateur également, en grosses lettres. Mais, aussi, ils sont lamentables, opaques, barbouillés de couleurs, de bleu sali et surtout de brun, que le peintre verrier n'a pu salir puisque cette couleur est naturellement terne.

On torture encore Saint-Étienne. C'est une église boiteuse, une vieille bossue que l'on gave de remèdes, mais dont on sait la guérison impossible. On démolit, on ouvre une porte monumentale destinée à remplacer l'entrée située, jadis, rue des Cloches, qui était un étroit passage, réservé entre les maisons et l'église. Sa disparition fit de la peine aux amis du pittoresque et aux amoureux. On oubliait de l'éclairer la nuit, lorsqu'elle était fréquentée par les paroissiens qui allaient prier la Vierge aux offices du Rosaire, ou se repentir aux vêpres des Morts. Les amoureux, qui la savaient discrète, s'y retrouvaient et se tenaient accolés aux murs, dans les coins d'ombre, où ils s'embrassaient, invisibles, au passage des dévots, et cela augmentait leur contentement.

A côté de l'église existait un cloître, qui fut démoli sous le Premier Empire. Il avait servi de cimetière et contenait encore à cette époque les tombeaux des anciennes familles toulousaines qui avaient enterré là, depuis les temps les plus reculés du Moyen âge. Le chevalier Du Mège a raconté ses impressions lorsque, pour la première fois en

1804, il visita le cloître. Des colonnes, des arcs abattus, jonchaient le sol, les toitures étaient effondrées, des plantes avaient fleuri sur les décombres. Il eut en outre la surprise d'un spectacle macabre. Les ossements avaient été enlevés des sépultures ouvertes et les fossoyeurs s'amusaient à jouer aux boules avec des crânes et des tibias. Son émotion fut si forte qu'il n'eut plus, ce jour-là, assez de courage pour dessiner les ruines du cloître médiéval.

Les savants, sans indulgence, reprochent à Du Mège ses erreurs archéologiques. Il eût dû, semblent-ils dire, tout savoir et tout sauver. Pour un peu il serait un propre à rien. Et cependant! Le Moyen âge mystique et brutal s'est révélé à lui. A une époque où l'Art s'inspirait du Grec, il a pénétré d'instinct le secret des cathédrales, qui restent sombres malgré leurs fenêtres, dont les pointes se dressent comme des fers de lances, ajourés. Il a su deviner la pensée des personnages irréels, qui gardent les portes, il s'est incliné devant la majesté froide et nue des nefs, il a rêvé devant les vitraux de saphir, d'améthyste et d'émeraude qui ont la couleur du ciel au milieu du jour et où sont représentés les miracles. Parmi les pleurs des topazes et les flammes des rubis, qui recueillent les rayons du soleil mourant, il reconnut les martyrs, torturés, en extase, invoquant le Christ, mort comme eux et pour eux, crucifié.

Du Mège a su communiquer son *Credo*. Il eut du mal à se faire entendre, mais après lui Toulouse a compris. La tradition des écoles de la Renaissance avait atteint son point extrême. David, Rude recherchaient la force, le mouvement théâtral, chez l'homme. Falconnet, Guérin, Girodet, la volupté des lignes chez la femme. Il ne fallait

pas s'écarter. Delacroix ne savait pas dessiner, Ingres était un barbare.
Quels termes restait-il pour désigner les productions du Moyen âge?

Sur la place une petite fontaine Renaissance dresse son obélisque
entouré d'amours. Un matin l'un d'eux disparut. Il s'échappa par
ennui ou bien, simplement, parce qu'il est capricieux et indomptable.
On ne saura jamais! Sa disparition n'émut personne. — « Cupidon

est inconstant, ne nous frappons pas — », ont dit nos édiles. — « Il reviendra, sans doute. »

C'était penser juste, il est revenu sans bruit, comme il était parti, il est rentré dans sa niche un peu fatigué « éntécat ». Il avait trop couru. Les batailles qu'il avait livrées l'avaient laissé manchot, impuissant à bander son arc, à lancer ses flèches, à blesser les cœurs.

Mais bientôt après, un autre a disparu. Reviendra-t-il ?

LA GARONNE ET LES QUAIS

L'ILE DU GRAND RAMIER

Après avoir rencontré l'Ariège, la Garonne se dirige vers Toulouse, en formant des îles où des carolins, plantés en quinconce, montent ébranchés. Goudelin, le poète bon vivant, a chanté les fleurettes du grand Ramier. L'île était alors un lieu discret où l'on n'abordait qu'en bateau. Goudelin s'y rendait de compagnie, à cinq ou six, plutôt six, afin de ne dépareiller personne. Et c'était ripaille.

Les convives chantaient en buvant du vin de Villaudric. Avec des rires, sonores, ils se racontaient des histoires, grasses et salées, comme on les aimait alors. Les gais compères avaient l'eau en horreur; la pluie les gênait et mettre de l'eau dans le vin, c'était une honte. Ils ne la souhaitaient, que sous la forme d'eau de fleur d'oranger ou d'eau de rose.

> Et jamay ne bous mande ros
> Que d'aygo naffo ou d'aygo ros.

A l'extrémité de l'île, l'Émulation Nautique abrite sous de hauts platanes ses bâtiments et ses jeux : la natation et le canotage. Les baigneurs, pour la plupart, nagent la brasse à la manière des grenouilles, mais les « as », pour aller plus vite, préfèrent le craul. Dans cette nage, les bras et les jambes battent l'eau avec acharnement, la tête disparaît sous l'eau et lorsqu'elle se montre, un jet d'eau sort de la bouche du nageur.

Les yoles vont sur l'eau, l'avant soulevé par la plongée des avirons que le barreur salue en s'inclinant. Comme un chef d'orchestre, il compte la mesure. Il ne fouette pas l'air avec un petit bâton, mais il crie un nombre, se plie en deux et projette les coudes en arrière, à chaque fois.

Le premier théâtre de la nature fut installé dans la grande île en face de l'Émulation Nautique. Il disparut pendant la guerre, lorsque le canal de l'usine électrique lui perça traîtreusement le dos. Il en reste comme une sorte de cuvette, où s'étagent des piquets de bois ver-

moulu. L'herbe a envahi la scène, où parmi les lauriers, des danseuses,
presque sans voile, ont fait revivre les danses grecques. Là, également,
des tragédiens ont hurlé, rugi des vers, sous les feuilles tremblantes
des peupliers. Un après-midi d'été Mme Sylvain y fit pleurer Electre
en deuil. Elle se courbait, terrassée par la douleur, en tordant ses
beaux bras au pied des troënes, et le soleil étendait, longue sur la terre,
l'ombre de ses voiles noirs.

Le mercredi des Cendres se formait à l'Émulation Nautique le cortège joyeux qui menait au supplice Sa Majesté Carnaval. Les barques
partaient à la queue-leu-leu et, se dirigeant vers le Pont de Pierre, elles
s'arrêtaient à la pile qui marque encore l'emplacement du vieux pont de

Comminges. Dans la dernière embarcation, le masque Roi, vêtu d'étoffes vivement colorées, dodelinait de la tête. Le tribunal, procureur, juges et avocat, l'attendait sur l'ilot de briques. Les Gascons sont bavards, les gens du Nord l'affirment. Aucun n'en doute, ils se sont fait une opinion d'après les dires de Rostand et de Théophile Gautier qui furent, pour le moins, aussi bavards que Cyrano de Bergerac. Observés chez eux, sur la rive gauche de la Garonne, les Gascons font souvent mentir les deux poètes.

Carnaval était jugé sommairement, la condamnation rapide, inévitablement la mort. Après la lecture de l'arrêt, le masque paillard, gourmand, ivrogne surtout, approuvait la sentence. Carême le dégoûtait, il aimait mieux mourir que jeûner, d'ailleurs il revivrait l'année suivante, d'après le rite.

Le mannequin, jeté à l'eau, flottait grotesque, emporté par le courant, salué à son passage sous le pont par des rires et des chants.

> Adiou pauré, pauré, pauré,
> Adiou pauré Carnaval
> Tu t'en vas et you damori
> Per minja la soupo à l'oli.

La soupe à l'huile est un mythe; depuis longtemps, à Toulouse, on ne la goûte plus en carême.

Vint la guerre aux dents longues qui déchirent de loin. Dans l'île, les peupliers et les saules tombèrent, laissant la place à de hautes cheminées. L'eau empoisonnée par les usines, sentit l'éther. La route se trouva jour et nuit encombrée. Sur la passerelle du Ramier, ce fut la confusion des races acharnées à détruire. Des Annamites, panards, camus, étiraient leurs yeux bridés sans pouvoir les ouvrir, des Marocains nerveux, des nègres, l'un suivant l'autre, à la file comme des canards, des embusqués, des auxiliaires une étiquette cousue à la manche de leur capote, des femmes, des filles hardies, excitées par le gain, par l'amour, s'invectivant d'une voix aigre, tous pourvoyeurs de la Mort parcouraient le chemin de la Poudrerie. La guerre a faim de cadavres.

Les champs étaient vides d'hommes. La mobilisation avait ramassé les paysans en troupeaux, pour l'abattoir. Les plantes que le terreux éloigne à coups de charrue reprirent leur bien. Les ajoncs piquants, les genêts, le pas-d'âne, la trainasse, le chiendent, la ronce, l'oro-banche, le circe lancéolé s'étalèrent dans les guérets, les chaumes et les vignes.

On enfouit la pomme de terre dans les parcs. A la place de la prairie défrichée du Ramier, on sema la graine du colza qui fleurit jaune.

L'usine électrique éleva sa morne façade et l'Émulation Nautique se blottit dans un trou comme le poilu dans sa tranchée.

LA GARONNE

La traversée de Toulouse met un frein à l'impétuosité naturelle
de la Garonne. Entre les chaussées, les eaux mortes permettent aux
barques d'attendre, tranquillement, l'heure où les pêcheurs, munis de
la pelle à long manche, iront à la récolte du sable et des cailloux.
Lorsque la rivière est basse, ils détachent les bateaux et debout à
l'arrière ils manient la godille, à la fois rame et gouvernail. Des deux
mains ils poussent l'aviron vertical, qui va et vient invisible. La barque
avance lentement, affaissée, alourdie par la charge, laissant à peine
quelques centimètres de ses bords apparaître au-dessus de l'eau.

Presque toujours le fleuve est solitaire, les quais sont déserts. Au temps des grands froids, l'eau immobile est semblable à une plaque d'acier, poli, qui scintille. Des mouettes venues on ne sait d'où, volent près du pont au raz de l'eau, dans quoi elles plongent leur bec et jamais on n'aperçoit la proie qu'elles pêchent.

Au mois de juin, saint Médard, saint Gervais et saint Barnabé règlent la pluie ou le beau temps. Par vent du Sud-Ouest, ils amènent la pluie à coup sûr. Alors la neige fond sur les Pyrénées et les fossés de la plaine déversent leur eau jaune dans la rivière qui se gonfle. Les peupliers trempent leurs pieds dans l'eau, avec quelques maisons. Dans Toulouse, la Garonne envahit, d'un saut, la prairie des Filtres et lave le quartier du Port-Garaud. Les riverains ne sont pas surpris, ils ont l'habitude, ils sortent et rentrent chez eux à l'aide de ponts improvisés et déménagent leurs meubles aux étages supérieurs. S'ils hésitent et attendent trop longtemps, les chaises, les tables, les buffets nagent dans la cuisine. Seul le poële trop lourd reste à sa place

Les bateaux-lavoirs craignent l'eau limoneuse des crues ; c'est alors qu'ils disparaissent rompant la file. Ils sont quelques-uns, centenaires, barbouillés de groudron, qui résistent. Mais ils ne résisteront plus longtemps. Les Imagiers représentent le Fleuve sous la figure d'un vieillard, avec une longue barbe blanche et vieux de millions d'années, les savants ne sont pas d'accord pour dire au juste de combien. Malgré son âge, la Garonne est jeune, fantasque, ardente, elle change de lit, forme des îles ou les emporte, ne tolère rien sur sa route. Elle s'acharne contre les ponts inlassablement. D'une poussée continue l'eau, rendue furieuse par la crue, bande les attaches qui maintiennent les bateaux aux quais. Les câbles deviennent rigides comme des barreaux de fer, mais si le chanvre rompt, si le bois vermoulu crève, le bateau tombe au fond, parmi la vase. Les uns après les autres, la Garonne, gouge tenace, les aura tous dans son lit.

L'ILE DE TOUNIS

La Garonne, en prenant contact avec Toulouse, va, asservie par des barrages, buter contre le Moulin du Château qui l'arrête. S'échappant par-dessus la chaussée, elle glisse, rapide et unie, fait une première chute, reprend son élan et se brise comme une vague blanche d'écume. L'embrun s'élève et s'irise au soleil.

Un pont traverse la rivière et conduit au quai de Tounis. On se trouve dans un îlot, très étroit, entre la Garonne et le canal de fuite du moulin. Les maisons prennent la file; blanches ou roses, elles mélangent leurs couleurs, s'alignent semblables à la bande bigarrée d'un damier. Dans le nombre on en rencontre quelques-unes qui abaissent leur premier étage au niveau de la chaussée. Elles semblent s'abriter derrière un rempart et, pour les atteindre, un escalier descend à la recherche de la porte cachée au sous-sol.

Le canal de fuite du moulin rejoint la Garonne au Pont Neuf. C'est une petite rivière qui traverse rapidement des jardins étagés, formant des terrasses. Elle a ses ponts, ses barques, ses pêcheurs hypnotisés par le bouchon immobile entre deux fils.

Au-dessus des jardins et des maisons de la rue des Couteliers, l'église de la Dalbade dresse ses clochetons, roses comme les doigts

d'une main ouverte pour le bon accueil. La pointe qui termine la tour
est d'une construction récente. Démolie au temps de la Révolution,

on l'a reconstruite vers la fin du siècle dernier. Lorsqu'elle fut achevée, on trembla de peur dans le quartier Saint-Remésy. La base, disait-on, ne serait pas assez solide pour supporter le poids de la flèche et ne pourrait résister à l'ébranlement provoqué par les cloches, chavirées et trop lourdes. Tout devait s'abîmer, s'écrouler sur les petites maisons qui se tassent autour de l'église, leur malheureux sort était certain. Cette crainte a disparu, la tour se dresse encore solide, malgré que le faux bourdon frappe sourdement, à coups redoublés, comme dans une lointaine attaque d'artillerie.

LE PONT NEUF

Le pont de pierre fut construit à l'époque de la Renaissance d'après les plans de l'architecte Bachelier. Lourd, bien assis sur ses piles, il a jusqu'ici résisté aux inondations, qui ont enlevé, comme de vulgaires passerelles de bois, le pont Saint-Michel et le pont suspendu. Mais un autre danger le menace. Il tient trop de place, c'est un gêneur qui a trop de pieds dans l'eau. Quelques Toulousains ont juré sa perte. Malgré qu'il soit « rescapé » déjà une fois, qu'il prenne garde.

Passé le pont, on rencontre l'ancien couvent des Bénédictins devenu sous le II* Empire une manufacture de tabac. Celle-ci, trop à

l'étroit, fut à son tour transportée allée de Brienne. Alors on a ajouté un corps central, dont les pierres rejoignent, au petit bonheur, les briques du vieux bâtiment. Il est orné de statues allégoriques qui sont : La Peinture, l'Architecture, la Sculpture, la Gravure. Ces figures, nues, indiquent, sans confusion, l'école actuelle des Beaux-Arts. C'est aussi le Palais des Arts. L'Union Latine l'inaugura par une exposition de tableaux et des bals appelés « dancing » où il y eut un orchestre de jazz-band, mais sans les nègres. Des tables, alors, furent dressées, sur quoi le chocolat familial remplaça le champagne.

L'HOTEL-DIEU

En face de l'école des Beaux-Arts, la masse sombre de l'Hôtel-Dieu sort de l'eau, étayée par une arche, vestige de l'ancien pont de la Daurade. L'aspect de cette longue façade est lugubre les nuits d'hiver, lorsque la pluie tombe sur le fleuve élargi par l'obscurité. On la voit apparaître comme une muraille maudite. Les enfants savent que la souffrance gémit derrière ces murs; pour eux l'hôpital est une geôle où l'on dépèce tout vifs, les hommes, les femmes et les gamins. C'est la maison des morts mystérieuses. Ils ont peur de ces briques qui s'enfoncent dans l'eau, et pour renforcer leur frayeur, ils se racontent des histoires : — « Dans les ténèbres on entend parfois des bruits, des claquements sinistres; on voit des fantômes blancs tomber dans l'eau, et ce sont les morts, les corps des morts précipités dans la Garonne où ils disparaissent..... et d'où ils ne remontent jamais. » —

L'Hôtel-Dieu fut, paraît-il, la cause des désastres qui ruinèrent le faubourg Saint-Cyprien en 1875. Les eaux de la rivière, démesurément grossies, se trouvèrent resserrées à cet endroit. Elles en profitèrent pour envahir la campagne, puis, libres d'entraves, entrèrent dans les rues, où elles firent d'énormes ravages. L'hôpital cause de tout le mal ne broncha pas. Pourquoi se serait-il ému? Il prend un continuel bain de pieds, il sait la rivière impuissante contre ses briques, et se trouve heureux d'avoir une lointaine ressemblance avec les Hôtels

Vénitiens qui, eux aussi, bravent l'eau depuis des siècles. Indifférent à la poussée il nargue l'inondation et méprise les maisons en pisé, si peu solides qu'on les voit fondre en un clin d'œil.

C'est une joie insolente qui ne peut durer. Une première fois il a semé la ruine, la leçon doit servir. On l'a condamné à disparaître, il fera place à un jardin ou à une prairie, on ne sait pas au juste, l'essentiel est de le démolir pour le reconstruire ailleurs et donner raison au proverbe qui dit : « Quand le bâtiment va, tout va. »

Tant pis pour les rêveurs qui, au bord de l'eau, les soirs d'automne, regardent la chimère mouvoir sa longue queue parmi les nuages, brillants comme des torches allumées. Ils ne verront plus, à l'heure où l'horizon s'estompe dans l'ombre pâlie, la silhouette de l'Hôpital se découper devant le soleil, dont la flamme s'abaisse, tombe, va s'éteindre au loin, tandis qu'au pied de ses murs, la même flamme s'évanouit dans l'eau. Les gens pratiques dédaignent les forgeurs de chimères. Ils ont résolu de transformer Toulouse. L'Hôtel-Dieu, le vieux pont, doivent disparaître et l'Hospice de la Grave partira aussi en emportant son dôme vert. C'est la conséquence du progrès.

SANCTA MARIA DEAURATA

La Daurade était la plus ancienne église de Toulouse au moment où, vers la fin du XVIIIe siècle, les Bénédictins la démolirent. Construite au Ve siècle par les Visigoths, elle était décorée, selon le style byzantin, de marbres et de mosaïques, sur fond d'or, représentant des personnages bibliques. Malgré des remaniements à l'époque romane,

le chœur s'était maintenu intact jusqu'en 1761. A cette époque les murs pleins de lézardes, rongés de creux, menaçaient de s'écrouler. Des réparations étaient indispensables. Deux partis se présentaient. Conserver la vieille église? La démolir pour la reconstruire plus belle en l'habillant de pierres et de briques neuves? De nos jours, que l'on vénère les vieux murs gorgés d'art, on conserverait à tout prix, mais les moines Bénédictins rêvaient d'un style plus raffiné, le byzantin était passé de mode.

Ils savaient que l'Hospice de la Grave avait projeté l'érection d'une coupole, en face d'eux, sur l'autre rive. Ils voyaient déjà ce dôme, les narguer de sa double image dans le ciel et dans la Garonne. Eux aussi désiraient humblement imiter la Basilique Saint-Pierre

à Rome et il n'est pas interdit aux moines d'avoir des désirs luxueux, lorsqu'il s'agit de la gloire du Seigneur.

La vieille église fut condamnée. On la démolit avec l'intention de la reconstruire au plus vite. Rien ne fut épargné. Les colonnes des sanctuaires; les chevaliers de pierre étendus, les paumes des mains jointes et priant sur leur cadavre; le tombeau de la Reine Pédauque; les mosaïques sur fond d'or, tout fut rasé, les marbres perdus. Le projet des Bénédictins ne devait pas se réaliser. La Révolution dispersa les religieux, sans plus d'égards qu'ils n'en avaient témoigné aux petites pierres « daurados ».

Depuis il ne fut plus question du dôme. C'est tout juste si l'on parvint à élever la nouvelle façade, qui se dresse au bord de l'eau, semblable à un portique de temple romain. Six colonnes de pierre brute, massives, sans ornements, sans moulures, font un gros effort pour soutenir le fronton. Le soleil les frappe de raies lumineuses, droites, comme des lames d'épée. Dans les intervalles les fenêtres sont murées, seule la porte laisse un passage au milieu. C'est une façade muette, fermée, janséniste et déjà délabrée.

La nouvelle église, construite dans le style de la Renaissance italienne, adopte la forme d'une croix; des chapelles occupent entièrement les bas côtés. Les peintures qui ornent l'église sont réalisées dans le sens décoratif et font corps avec l'architecture. Les peintres toulousains, J. Roques et B. Bénazet, ont orné le chœur et les chapelles. Prévot a vu grand, il a peint des évangélistes gigantesques.

La chapelle de la Vierge Noire qui occupe une des branches du

transept, est ornée de mosaïques dans le goût espagnol, assez compliqué. Au-dessus de l'autel, la Vierge et l'enfant noirs, tous deux
couronnés, tenant chacun un sceptre à la main, attendent les prières.
L'ébène des visages est encore assombri par les robes et le voile de
lumière, qui se déploient, rigides comme la queue, étalée, d'un paon
blanc. Deux saints à genoux les élèvent dans le triomphe d'un nimbe
d'or. Des anges ouvrant les ailes, les entourent, tandis qu'au-dessus
de leurs têtes, Dieu, les bras étendus, affirme sa protection.

La Vierge Noire, à cause de son exceptionnelle couleur et de son
pouvoir de faire cesser les calamités publiques, est l'objet d'une véné-
ration particulière. Toujours des cierges sont allumés dans la chapelle
de la mystérieuse africaine.

QUAI DE LA DAURADE
ET BAZACLE

Dans le port de la Daurade, au fond de l'eau, lorsqu'elle est claire, on distingue encore l'épave du bateau de bains que la Garonne a fait sombrer un jour de crue. Au-dessus de l'épave, les bateliers amarrent leurs barques et déchargent sur la berge leur récolte de sable dont des charrettes s'emparent immédiatement. Les pêcheurs ne le laissent jamais s'amonceler en gros tas, dans la crainte de voir la Garonne reprendre son bien. En continuant à suivre les quais, on arrive au pont Saint-Pierre, suspendu sur le fleuve, qu'il coupe d'une longue ligne noire. Prenant leur point d'appui sur les pylônes, des câbles

de fer courent d'une rive à l'autre et soutiennent le plancher que le
vent fait balancer comme un hamac. Les vieilles maisons, en bordure
du quai, sont le résultat d'un projet, formé, au xviiie siècle, par le
cardinal ministre Loménie de Brienne, lequel voulut, selon le goût
de l'époque, créer une ordonnance architecturale. Aucune de ces maisons ne put être achevée. Elles sont restées basses, c'est à peine si
de leurs fenêtres on aperçoit l'eau, derrière les lavoirs et les linges
étendus sur des cordes, pour sécher.

Un peu plus loin, le barrage du Bazacle s'empare de la rivière
et la met au service des moulins échelonnés sur les deux rives. Lorsque

la chaussée fut achevée, ce travail devint pour les Toulousains l'objet
d'une admiration légitime. Ils en furent si fiers qu'ils élevèrent le
Bazacle au rang des merveilles locales, avec Saint-Sernin la romane,
la belle Paule, si belle qu'on se battait dans les rues pour le plaisir
de la regarder, et Goudouli le bon poète rimant en « lengo mundino ».
Mais ici, il y a une variante; on dit aussi Matali, qui fut un joueur
de violon. Les Toulousains eurent toujours du goût pour la musique
et les jolies filles.

> Le Bazacle, San Serni,
> La belle Paule, Matali.

Je me suis promené dans Toulouse latine,
J'en ai noté, page par page, les trésors,
Sans avoir retrouvé, parmi ses briques, l'or
Que conserve, en secret, l'Occitane rouquine.

Je suis monté, bien haut, sur un clocher en ruine,
Et j'ai vu la Garonne et ses quais et ses ports,
Et le soleil d'été, tomber dans l'eau qui dort :
Mais son reflet, brûlant, aveugla ma rétine.

J'ai regardé plus loin, partout autour de moi,
Je n'ai rien vu, que de la tuile sur les toits.
Lorsqu'on veut la saisir la chimère s'envole.

Je n'ai pas su mener ma tâche jusqu'au bout.
A travers la cité, j'ai couru comme un fou
Et passé sans le voir devant le Capitole.

TABLES

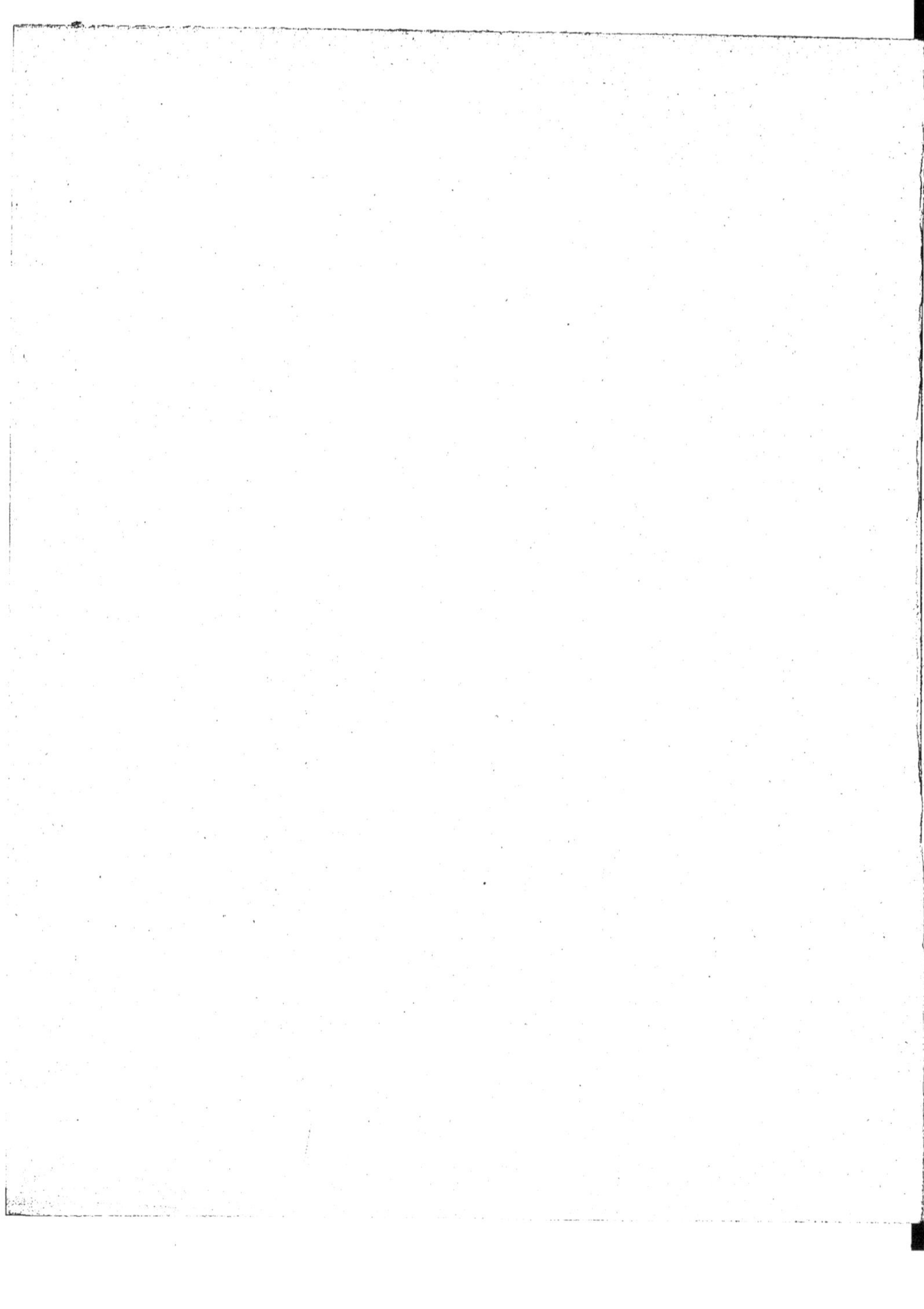

TABLE DES XILOGRAVURES HORS TEXTE

TABLE DES ILLUSTRATIONS DANS LE TEXTE

TABLE DES CHAPITRES

ACHEVÉ D'IMPRIMER

Le huit octobre mil neuf cent vingt-cinq

PAR

ÉDOUARD PRIVAT

TOULOUSE